VORWORT

Liebe Schülerin, lieber Schüler,
du bist nun auf dem Niveau der gymnasialen Oberstufe angekommen. Dieses Heft soll dir helfen, dich auf Tests und Klassenarbeiten/Schulaufgaben vorzubereiten, die von dir verstärkt fordern, deine erworbenen Kompetenzen anzuwenden. Die nützlichen **TIPPS** solltest du genau durchlesen, manchmal wird dort auch auf eine Variante einer Aufgabe hingewiesen!

Jede Lektion besteht aus folgenden Teilen:

1. Einem Übungsteil

- *Ecouter:* Hier übst du, Hörtexte global und im Detail zu erfassen und gezielt Informationen zu entnehmen. Häufig gibt das Gehörte Anlass zu weiteren sprachlichen Aktivitäten.

- *Regarder une vidéo/Comprendre:* Du erfasst Informationen über das Auge und das Ohr und beweist in Multiple-Choice- und Schreibaufgaben, dass du das Video verstanden hast.

- *Grammaire:* In diesen Aufgaben übst du alle neuen Formen und Strukturen einer Lektion. Auf dieser Stufe liegt der Schwerpunkt v. a. auf der Anwendung, d. h., es geht um den korrekten Gebrauch.

- *Vocabulaire:* Hier übst du, den neuen Wortschatz einer Lektion im Zusammenhang anzuwenden. Mit C-Tests trainierst du deine Sprachbeherrschung (CD).

- *Ecrire:* Hier zeigst du, wie kommunikationsfähig und kreativ du bist. Du übst, eigene Texte zu schreiben: z. B. bekommst du als Anregung ein Bild präsentiert oder denkst dir die Fortsetzung der Geschichte eines (Hör- oder Lese-)Textes aus.

- *Lire:* Hier geht es darum, einen Lesetext zu erfassen, das unbekannte Vokabular zu erschließen und Verständnisaufgaben zu bearbeiten. Häufig gibt der Text Anlass zu weiteren sprachlichen Aktivitäten.

- *Savoir faire:* Hier wendest du die *Stratégie*-Tipps aus dem Schülerbuch an, indem du z. B. ein Gedicht analysierst, eine Umfrage auswertest oder dir im Internet Informationen beschaffst und sie präsentierst.

- *Parler:* Hier sollst du Aufgaben mündlich als Monolog oder als Dialog mit einem Partner bearbeiten, der mindestens dein Sprachniveau hat. Auf der CD findest du dazu nützliche Hinweise.

- *Médiation:* Hier geht es grundsätzlich darum, zwischen mehreren Gesprächspartnern zu vermitteln, wenn Sprachhindernisse auftreten. Du bekommst einen französischen/deutschen Text vorgelegt, den du – im Falle des französischen Textes – zunächst erschließen und dann sinngemäß auf Deutsch/Französisch wiedergeben sollst.
Bei der Kategorie „*Communiquer et écrire*" wird das Gespräch schriftlich simuliert.

2. Einer Klassenarbeit *(Interro)*

Die Klassenarbeit/Schulaufgabe enthält die Teile *Ecouter*, *Lire* und *Ecrire* sowie in einigen Lektionen auch Sprachmittlung *(Médiation)*. In diesem Fall kannst du von den vier Kompetenzen ggf. drei aussuchen. Kriterien für die Beurteilung deiner Leistung findest du auf der CD.
(Anmerkung: In *A la carte 4* gibt es keine *Interro*.)

3. Einer Seite zur Selbstkontrolle (Auto-Evaluation)

Auf der beiliegenden CD findest du zu jedem Dossier/ *A la carte*-Teil einen Bogen/Bögen mit dem Stoff der Lektion (PDF). Mithilfe von Beispielen kannst du nachvollziehen, was du schon (gut) kannst und wo du „nachsteuern" solltest.

„Bon travail – ça vaut la peine!"

Luc

Zeichenerklärung

🔊	Hörverstehen	👥	Dialogisches Sprechen (Partnerarbeit)
📹	Hör-/Sehverstehen	👥👥	Gruppengespräch/Debatte
📖	Leseverstehen	§§	Die Paragrafen verweisen auf das Grammatische Beiheft.
✏️	kreatives Schreiben	↻	Wiederholung von bereits gelerntem Stoff

INHALTSVERZEICHNIS

Liste de travail	3

DOSSIER 1
Ecouter	4
Grammaire	5
Vocabulaire	7
Lire	8
Savoir faire/Ecrire	10
Médiation	11
Interro	12

DOSSIER 2
Ecouter	15
Grammaire	17
Vocabulaire	18
Lire	19
Parler/Médiation	21
Interro	23

DOSSIER 3
Regarder une vidéo	27
Grammaire	28
Vocabulaire	31
Lire	32
Ecrire	33
Médiation/Parler	34
Interro	35

DOSSIER 4
Ecouter	38
Grammaire	39
Vocabulaire/Ecrire	41
Lire/Ecrire	42
Savoir faire	43
Médiation	44
Ecrire	45
Interro	46

DOSSIER 5
Ecouter	48
Grammaire	49
Vocabulaire	51
Savoir faire	52
Lire	53
Médiation	54
Ecrire/Médiation	55
Interro	56

[A la carte 1]
Comprendre/Grammaire	59
Vocabulaire	61
Lire	62
Médiation	63
Interro	64

[A la carte 2]
Ecouter	66
Grammaire	67
Vocabulaire	69
Lire	70
Ecrire/Savoir faire/Médiation	72
Interro	73

[A la carte 3]
Ecouter	76
Grammaire/Vocabulaire	77
Lire	78
Ecrire	79
Médiation	80
Ecrire	81

[A la carte 4]
Regarder une vidéo	84
Ecouter/Ecrire	85
Grammaire	86
Lire	87
Parler	88

Tracklisten — Innenumschlag hinten

Die begleitenden CDs im hinteren Innenumschlag enthalten:

	CD 1	**CD 2**
Audiomaterialien	zu Dossier 1–5	zu A la carte 2–4
Videomaterialien	zu Dossier 3	zu A la carte 1+4
Hörverstehenstexte	zu Dossier 1–5	zu A la carte 2–4
Texte der Videos	zu Dossier 3	zu A la carte 1+4
Lösungen/Lösungsvorschläge	zu Dossier 1–5	zu A la carte 1–4
Auto-Evaluation	zu Dossier 1–5	zu A la carte 1–4
Checklisten	zu Dossier 1–5	zu A la carte 1–4
Ergänzende Materialien	Vokabellisten, C-Tests, etc. zu D. 1, 2, 4, 5	zu A la carte 1–4
Bewertungshinweise	Kriterien für freie/offene Übungen	
Tipps zur mündl. Kommunikation	Vorbereitung u. Durchführung Monolog/Dialog	

LISTE DE TRAVAIL

Inzwischen weißt du, wie wichtig es ist, dass du dir einen Plan machst, in welcher Zeit du was erledigen willst. Denke daran: Es ist immer besser, frühzeitig vor der anstehenden Klassenarbeit/Schulaufgabe/Klausur mit dem Üben zu beginnen. Auf der CD findest du für jedes Dossier/für jeden A la carte-Teil eine Checkliste (Liste de travail) als PDF zum Ausdrucken. Fülle sie aus, bevor du mit dem Lernen beginnst.

Hier ein Beispiel:

	üben am	erledigt und korrigiert am	☹ ☺	Schau im Schülerbuch und Cahier d'activités nach und mache eine weitere Übung
Vokabeln Dossier 3	2.–16. Oktober	2./4./10. Oktober	☹ ☺	Ausdrücke zurechtlegen, mit denen ich die **Vor- und Nachteile des Landlebens** formulieren kann! Vokabeln zum Landleben (z. B. Tiere) sind OK!!
Grammatik Dossier 3	2.–16. Oktober	2./8./10. Oktober	☹	Unterschied zwischen *Plus-que-parfait* und *Conditionnel passé* nochmals klarmachen! → Grammatikkapitel durchgehen und **Übung 4b** nach ein paar Tagen nochmals bearbeiten!
Médiation Dossier 3	10.–16. Oktober	12. Oktober	☹ ☺	Fremde Texte immer noch ziemlich problematisch! Globalverstehen: Filmplakat oder Foto = wichtige Hilfen! Detailverstehen: Vokabeln zum Thema „Film" und „Beziehungen" durchgehen.
kreatives Schreiben Dossier 3	16.–18. Oktober	18. Oktober	☹ ☺	Beim Verfassen eigener Texte mangelt es mir oft an Ideen oder ich überlege zu lange und verschenke damit wertvolle Zeit. Bei Schreibaufgaben, die von einem gegebenen Text ausgehen, findet man meist viele Argumente oder Ideen in diesem Ausgangstext. Ich darf nicht vergessen, vor dem Schreiben erst noch einmal genau zu lesen …
Interro Dossier 3	20. Oktober	20. Oktober	☺	26 Punkte von 35 erreicht … Gar nicht schlecht, wenn man bedenkt, dass ich die Aufgaben zu allen vier Kompetenzen bearbeitet habe!

Sieh dir deine alten Klassenarbeiten/Schulaufgaben/Klausuren an, damit du nicht zweimal die gleichen Fehler machst. Trage in der Tabelle ein, wo du Schwierigkeiten hattest und übe noch einmal.

Probleme in der letzten Klassenarbeit/Schulaufgabe/Klausur	noch einmal üben am	geübt am
Subjonctif nach bestimmten Konjunktionen, z. B. **avant que, pour que, sans que …**	18.–20. Oktober	21. Oktober
…	…	…

1 ECOUTER

Dossier 1 Des amis pour la vie

  1 «Papa est à la maison»

Depuis quelques jours, le père d'Elodie attend sa fille à la sortie de l'école pour l'accompagner à la maison ce qui ne plaît pas à la petite fille.

TIPP
Mit Band 5 von Découvertes bist du auf dem Niveau der gymnasialen Oberstufe angekommen, d.h., dass du jetzt verstärkt deine erworbenen Kompetenzen einsetzen sollst, z.B. um unbekannte Wörter zu erschließen – eben wie im wahren Leben. Konzentriere dich also beim Hören auf das, was du verstehst und lass dich nicht von unbekanntem Vokabular irritieren.

a *Ecoute l'extrait du roman «Papa est à la maison» de Mikaël Ollivier, puis coche le bon résumé ①, ② ou ③.*

| ① Elodie n'aime pas que son père vienne la chercher car elle préfère aller à la cantine avec son amie Caroline. Alors, elle invente un mensonge[1]. ☐ | ② Elodie n'aime pas que son père vienne la chercher car un père chômeur[2], ce n'est pas cool. ☐ | ③ Elodie n'aime pas que son père vienne la chercher parce qu'elle a honte de son père qui prétend être malade. ☐ |

b *Réécoute le texte, puis coche la bonne réponse.*

	vrai	faux	on ne sait pas
1. Caroline n'aime pas qu'Elodie ne lui raconte pas tout.	☐	☐	☐
2. Elodie ne comprend pas les sentiments de son amie.	☐	☐	☐
3. Elodie pense que Caroline va tout raconter aux autres.	☐	☐	☐
4. Le père de Caroline a perdu son travail parce qu'il est malade.	☐	☐	☐
5. Les autres se moquent d'Elodie parce que son père l'accompagne à la maison.	☐	☐	☐
6. Elodie dit à Caroline que son père est en vacances.	☐	☐	☐
7. Elodie pleure parce que son père est très malade.	☐	☐	☐
8. Elodie a honte parce qu'elle a menti à son amie.	☐	☐	☐

c *Ecoute encore une fois le texte si nécessaire, puis réponds aux questions suivantes.*

1. Comment est-ce qu'Elodie explique sa situation? Et Caroline, comment réagit-elle?

_____

_____

_____

_____

 2. Si ton père/ta mère était au chômage[3], qu'est-ce qui pourrait changer pour la famille? *(Ecris environ 120–160 mots dans ton cahier.)*

---

1 un mensonge [ɑ̃mɑ̃sɔ̃ʒ] eine Lüge – **2 un chômeur, une chômeuse** [ɛ̃ʃomœʀ, ynʃomøz] ein Arbeitsloser, eine Arbeitslose – **3 être au chômage** [ɛtʀoʃomaʒ] arbeitslos sein

GRAMMAIRE 1

2 Je pense à toi ... → § 1

Complète les trois strophes du poème en mettant les infinitifs au gérondif. Indique la fonction du gérondif dans les cases de chaque strophe:
A = le temps,
B = la manière et
C = la condition.

BEACHTE

Das *Gérondif* ersetzt drei Arten von Nebensätzen:

A **Temporalsätze** (während, als),
B **Modalsätze** (indem),
C **Konditionalsätze** (wenn, falls).

| 1 Je pense à toi (se réveiller) _____ (boire) mon café _____ (courir) à l'arrêt du bus _____ où tu m'attends. ☐ | 2 Nous allons à l'école (s'embrasser) _____ (ne pas entendre) le bruit des autos _____ (ne voir personne) _____ seuls dans notre univers. ☐ | 3 Tu détruirais mon amour (regarder) cette autre _____ (sortir) avec elle _____ (me dire) _____ : C'est fini! ☐ |

3 Le coup de foudre à la cantine → § 1

a *Lis le texte. Puis, récris-le en transformant les phrases: utilise le gérondif où c'est possible.*

TIPP
Löse die Aufgabe und korrigiere sie ggf. Warte einige Tage, schreibe dann deine Lösungen wieder ins Original um.

Elle raconte:
1. Quand j'ai vu cet homme pour la première fois à la caf'[1], je savais qu'il serait mon ami! **2.** Pendant qu'il choisissait son dessert, déjà, je nous voyais entourés[2] d'enfants. **3.** S'il m'avait regardée, il aurait vu que j'étais devenue rouge comme une tomate. **4.** J'ai repris courage comme ça: j'ai pensé à mon super horoscope pour ce jour-là. **5.** Pendant qu'il s'asseyait près de la fenêtre, je l'ai suivi. **6.** Il m'a regardée et il a souri. «Mais ton plateau[3] est vide», a-t-il dit et il m'a offert la moitié de son dessert. **7.** Pendant que nous mangions, nous avons discuté et nous nous sommes regardés dans les yeux ...

b *Lis la deuxième partie du texte, puis récris-la en transformant le gérondif en propositions subordonnés de temps, de manière ou de condition.* (Ersetze die Gérondif-Formen durch temporale, modale oder konditonale Nebensätze.)

Lui raconte:
1. En la regardant dans les yeux, j'ai compris qu'elle s'intéressait à moi.
   Est-ce qu'elle était amoureuse?
2. Je l'ai appris en lui demandant si elle avait envie d'aller au cinéma.
3. En disant non, elle m'aurait fait comprendre qu'elle avait voulu être gentille, voilà tout.
   Mais, ô miracle!, elle a dit oui.
4. En regardant le programme du cinéma ensemble, nous nous sommes rapprochés petit à petit ...
   C'était en 1974 – aujourd'hui, nous sommes mariés depuis plus de 30 ans ...

---

1 la caf' *(fam.)* [lakaf] die Cafeteria (der Uni, *ugs.*) – **2 entouré(e)** [ɑ̃tuʀe] umringt – **3 un plateau** [ɛ̃plato] ein Tablett

1 GRAMMAIRE

4 Mamie se rappelle. → § 2

Le premier rendez-vous à l'époque[1] … quand mamie était jeune, tout était différent.

a *Lis le dialogue, puis fais des propositions infinitives*
(«pour [ne pas], sans, avant de, après»).

Mamie: (sortir) _____ avec une fille, il fallait

que le jeune homme aille la chercher à la maison. Impossible[2] d'y aller (apporter)

_____ de fleurs. Beaucoup de garçons

arrivaient une demi-heure à l'avance[3] (ne pas être) _____,_____ en retard.

Et ils sonnaient à la porte (attendre) _____ au coin[4] de la rue.

En hiver, ton grand-père avait froid quand nous sommes partis, mais c'était comme ça.

Julien: Quelle horreur! Et au bal[5], (aller) _____ sur la piste[6],
on invitait la fille à danser?

Mamie: Bien sûr. (être) _____ poli, on n'avait pas de chance. Et (me/accompagner)

_____ à la maison, ton grand-père ne m'a

même pas fait la bise (me/ne pas faire) _____ peur. (Elle rit.)

Julien: Et (ne pas mourir) _____ d'ennui, vous êtes devenus
mari et femme. (Il rit aussi.)

Mamie: Oh non, pas du tout. L'ennui, c'est de lire un roman policier (commencer) _____

_____ avec la dernière page. Tu comprends ce que je veux dire?

Comment Julien va-t-il réagir? Est-ce qu'il va prendre
à cœur[7] ce que sa grand-mère lui a raconté?

b *Lis les phrases, puis écris-les dans ton cahier: mets les verbes*
aux temps/modes qui conviennent (futur simple, passé composé,
imparfait, plus-que-parfait/conditionnel présent, subjonctif).
Fais des propositions infinitives/propositions infinitives au passé
là où c'est possible.

> **TIPP**
>
> In dieser komplexen Übung lernst du, Infinitivkonstruktionen im Wechsel mit verschiedenen Zeiten anzuwenden. Wenn dir das noch zu kniffelig erscheint, arbeite erst die Lösungen durch, indem du dir klar machst, warum welche Form stehen muss. Warte danach zwei Tage und mache dann die Übung. Verwende das *Gérondif* überall da, wo es möglich ist.

1. Demain, je/j' (sortir) avec Emilie pour la première fois. **2.** Bien sûr, je/j' (ne pas partir) une demi-heure
à l'avance. **3.** Si elle me (voir) au coin de la rue, elle (se moquer) de moi. **4.** Ce que grand-mère (dire)
est quand même intéressant. **5.** J'avoue que mon dernier rendez-vous avec Chloé, à l'époque, (se passer mal).
6. Je/J' (la/raccompagner) à la maison et elle (descendre) de la voiture (dire) au revoir. **7.** Avant, nous (aller)
en boîte[8] (danser) . **8.** Au «Velvet», je/j' (rencontrer) des amis qui (boire) de la bière[9] et (discuter).
9. (rester) avec eux pendant une heure – (ne pas penser) à Chloé –, je/j' (la/chercher) dans toutes les salles.
10. Je/J' (finalement/la/trouver) au bar[10] – seule. **11.** (rentrer), elle (me/dire) qu'elle (ne plus jamais sortir)
avec moi. **12.** C'est vrai, je/j' (ne pas être) gentil avec elle … **13.** (réussir) cette fois-ci, il faut que je/j' (être)
plus attentif[11] et plus poli qu'avec Chloé. **14.** Et si je/j' (apporter) quelques fleurs à Emilie …?

_____

1 **à l'époque** [alepɔk] damals – 2 **impossible** [ɛ̃pɔsibl] unmöglich – 3 **à l'avance** [alavɑ̃s] im Voraus – 4 **un coin** [ɛ̃kwɛ̃] eine Ecke –
5 **un bal** [ɛ̃bal] ein Ball *(Tanzfest)* – 6 **une piste** [ynpist] eine Tanzfläche – 7 **prendre qc à cœur** [pʀɑ̃dʀakœʀ] sich etw. zu Herzen
nehmen – 8 **une boîte** *(fam.)* [ynbwat] eine Disko *(ugs.)* – 9 **une bière** [ynbjɛʀ] ein Bier – 10 **un bar** [ɛ̃baʀ] eine Bar –
11 **attentif(-ve)** [atɑ̃tif,-iv] aufmerksam

6

VOCABULAIRE 1

5 Chagrin d'amour

Lis le texte et regarde bien le dessin. Puis, complète le texte avec le nouveau vocabulaire de ce dossier. Dans l'encadré, tu trouves les mots en allemand. Fais surtout attention à la bonne forme des mots.

> Zufall ▪ Heiterkeit ▪ Dunkelheit ▪ sich ereignen ▪ Tausende von Zweifeln ▪ Wunder ▪ berühren ▪ etw. abschließen ▪ ein Risiko in Kauf nehmen ▪ ermutigen ▪ sich nähern ▪ auf etw. klicken ▪ sich erinnern ▪ Lippen ▪ einschalten ▪ so sehr ▪ völlig ▪ drücken ▪ weich / zart ▪ im Voraus ▪ unglaublich ▪ stoßen ▪ Schicksal ▪ Mole ▪ rothaarig ▪ Kräfte ▪ zuflüstern

1. Le cœur lourd de chagrin d'amour, je suis entré dans l'o_____ de cette pièce qui normalement était fermée à c_____. 2. Après avoir a_____ mon ordinateur, j'ai c_____ sur le bouton¹ auquel je n'avais plus t_____ depuis six mois. 3. Le bouton derrière lequel se cachaient des fichiers photo² qui devaient me r_____ cette histoire qui s'était p_____ un an auparavant.³ 4. Clic, et je l'ai revue – ses cheveux r_____, ses l_____ si d_____, son sourire qui m'avait e_____ à p_____ des r_____ et à m'a_____ d'elle et à la s_____ bien fort pendant que des m_____ de d_____ me m_____ à l'oreille que les m_____ n'existaient pas, qu'elle allait me p_____ dans le gouffre du chagrin … 5. Mais était-ce grâce à un h_____ ou au d_____ que je l'ai revue sur la j_____ le lendemain? 6. Cette fois-ci, elle était seule et elle me souriait de cette s_____ que j'aimais t_____. 7. C'est alors que notre histoire i_____ a commencé, mais je savais d'a_____ qu'elle ne survivrait⁴ pas l'été, nous n'y pouvions rien … 8. Maintenant, il faut que je reprenne mes f_____ pour guérir⁵ e_____ de cette histoire!

6 Quel est le rapport⁶ entre ces mots?

Découvre le rapport entre les mots donnés en exemple: la raison, le contraire, un mot de la même famille, un mot d'une autre langue. Alors, trouve les mots qui manquent!

1. *pleurer → le chagrin;*   rire → _____
2. *se rappeler → oublier;*   attraper → _____
3. *encourager → le courage;*   lire → _____
4. *to touch → toucher;*   to remark → _____

---

1 **un bouton** [ɛ̃butɔ̃] eine Schaltfläche – 2 **un fichier photo** [ɛ̃fiʃjefɔto] eine Bilddatei – 3 **auparavant** [opaʀavɑ̃] früher – 4 **survivre qc** [syʀvivʀ] etw. überleben – 5 **guérir de qc** [geʀiʀ] sich von etw. erholen – 6 **un rapport** [ɛ̃ʀapɔʀ] ein Zusammenhang

1 LIRE

7 «Monsieur Ibrahim et les fleurs du Coran»

Depuis que sa mère est partie avec son frère Popol, Moïse («Momo») vit seul avec son père. Le garçon fait tout le travail à la maison et c'est en faisant les courses qu'il a connu Monsieur Ibrahim, l'épicier[1] du quartier.

a *Lis d'abord le texte d'Eric-Emmanuel Schmitt.*

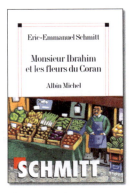

[…] – Pourquoi est-ce que tu ne souris jamais, Momo? me demanda M. Ibrahim.
Ça, c'était un vrai coup de poing[2], cette question, un coup de vache, je n'étais pas préparé.
– Sourire, c'est un truc de gens riches, monsieur Ibrahim. J'ai pas les moyens.
Justement, pour m'emmerder, il se mit à sourire.
– Parce que tu crois que, moi, je suis riche?
– Vous avez tout le temps des billets dans la caisse. Je connais personne qui a autant de billets devant lui toute la journée.
– Mais les billets, ils me servent à payer la marchandise, et puis le local. Et à la fin du mois, il m'en reste très peu, tu sais.
Et il souriait encore plus, comme pour me narguer.
– M'sieur Ibrahim, quand je dis que c'est un truc de gens riches, le sourire, je veux dire que c'est un truc pour les gens heureux.
– Eh bien, c'est là que tu te trompes[3]. C'est sourire, qui rend heureux.
– Mon œil[4].
– Essaie.
– Mon œil, je dis.
– Tu es poli pourtant, Momo?
– Bien obligé, sinon je reçois des baffes[5].
– Poli, c'est bien. Aimable, c'est mieux. Essaie de sourire, tu verras.
Bon, après tout, demandé gentiment comme ça, par monsieur Ibrahim, […] ça s'essaie …
Le lendemain, je me comporte[6] vraiment comme un malade […]: je souris à tout le monde.
– Non, madame, j'm'excuse, je n'ai pas compris mon exercice de maths.
Vlan: sourire!
– J'ai pas pu le faire!
– Eh bien, Moïse, je vais te le réexpliquer.
Du jamais-vu. Pas d'engueulade[7], pas d'avertissement. Rien.
A la cantine …
– J'pourrais en avoir encore un peu, d'la crème de marron?
Vlan: sourire!
– Oui, avec du fromage blanc …
Et je l'obtiens.
A la gym, je reconnais que j'ai oublié mes chaussures de tennis.
Vlan: sourire!
– Mais elles étaient en train de sécher, m'sieur …
Le prof, il rit et me tapote l'épaule.
C'est l'ivresse[8]. Plus rien ne me résiste. Monsieur Ibrahim m'a donné l'arme absolue. Je mitraille[9] le monde entier avec mon sourire. On ne me traite plus comme un cafard[10]. […]
Le soir, lorsque mon père rentre, je l'aide à retirer son manteau comme d'habitude et je me glisse devant lui, dans la lumière, pour être sûr qu'il me voit.
– Le repas est prêt.
Vlan: sourire!
Il me regarde avec étonnement[11].
Je continue à sourire. C'est fatigant, en fin de journée, mais je tiens le coup.
– Toi, tu as fait une connerie[12].
Là, le sourire disparaît.
Mais je ne désespère pas.
Au dessert, je ressaie.
Vlan: sourire!
Il me dévisage avec malaise[13].
– Approche-toi, me dit-il. Je sens que mon sourire est en train de gagner. Hop, une nouvelle victime. Je m'approche. Peut-être veut-il m'embrasser? Il m'a dit une fois que Popol, lui, il aimait bien l'embrasser, que c'était un garçon très câlin. Peut-être Popol, il avait compris le truc de sourire dès sa naissance? Ou alors que ma mère avait eu le temps de lui apprendre, à Popol.
Je suis près de mon père, contre son épaule. […]
Moi je souris à me déchirer la bouche.
– Il va falloir te mettre un appareil. Je n'avais jamais remarqué que tu avais les dents[14] en avant.
C'est ce soir-là que je pris l'habitude d'aller voir M. Ibrahim la nuit, une fois que mon père était couché. […]

Eric-Emmanuel Schmitt, *Monsieur Ibrahim et les fleurs du Coran* © Albin Michel, Paris 2001

(pour les mots annotés: cf. page 9)

Maintenant, coche la phrase qui résume le mieux le texte.

M. Ibrahim donne le conseil à Momo de sourire …

① … et Momo a des doutes, mais il essaie et tout le monde est gentil avec lui, sauf son père. ☐

② … et Momo essaie. Les profs le trouvent plus sympa, mais le soir, à la maison, il tombe malade. ☐

③ … et Momo utilise le sourire comme instrument pour plaire aux gens, mais son père devine ses intentions[15]. ☐

b *Vrai ou faux? Coche la bonne réponse. Relis le texte si nécessaire.*

	vrai	faux
1. M. Ibrahim a des billets[16] dans sa caisse mais il n'a pas beaucoup d'argent.	☐	☐
2. M. Ibrahim pense qu'on doit sourire pour être heureux.	☐	☐
3. La prof de maths est en colère parce que Momo n'a pas fait son exercice.	☐	☐
4. A la cantine, Momo est malade parce qu'il a trop mangé.	☐	☐
5. Tous les profs font ce que Momo désire.	☐	☐
6. A la maison, le père pense d'abord que Momo sourit parce qu'il a fait une bêtise.	☐	☐
7. Le père embrasse Momo.	☐	☐

c *A ton avis, comment s'explique la réaction du père? Ecris 120–160 mots.*

_____
_____
_____
_____
_____
_____
_____
_____
_____
_____
_____
_____

---

1 un épicier [ɛ̃nepisje] ein Lebensmittelhändler – **2 un coup de poing** [ɛ̃kudəpwɛ̃] ein Fausthieb – **3 se tromper** [sətʀɔ̃pe] sich täuschen – **4 mon œil** *(fam.)* [mɔnœj] wer's glaubt, wird selig *(ugs.)* – **5 une baffe** *(fam.)* [ynbaf] eine Ohrfeige *(ugs.)* – **6 se comporter** [səkɔ̃pɔʀte] sich benehmen – **7 une engueulade** *(fam.)* [ynɑ̃gœlad] ein Anschiss *(ugs.)* – **8 une ivresse** [ynivʀɛs] ein Rausch – **9 mitrailler qn** *(fig.)* [mitʀaje] jdn. bombardieren *(bildl.)* – **10 un cafard** [ɛ̃kafaʀ] eine Kakerlake – **11 l'étonnement** *(m.)* [letɔnmɑ̃] das Erstaunen – **12 une connerie** *(fam.)* [ynkɔnʀi] eine Dummheit *(ugs.)* – **13 un malaise** [ɛ̃malɛz] *hier:* ein Unbehagen – **14 une dent** [yndɑ̃] ein Zahn – **15 une intention** [ynɛ̃tɑ̃sjɔ̃] eine Absicht – **16 un billet (de monnaie)** [ɛ̃bijɛdəmɔnɛ] ein Geldschein

SAVOIR FAIRE/ECRIRE

8 «Amour»

*En lisant le poème, à quoi penses-tu?
Note tes premières idées, puis relis le
poème et décris sa forme dans ton cahier.
Sers-toi des indications de l'encadré
«Pour décrire un poème» de ton livre (p. 16).
Tu peux te servir d'un dictionnaire.*

TIPP
Berücksichtige, worauf es bei einer Gedichtanalyse ankommt:
– **äußere Form** (Anzahl der Strophen und Verse)
– **Assoziationen** (welche Erwartungen ruft das Gedicht in dir hervor?)
– **Inhalt** und **Stilmittel**: Gibt es eine Verbindung?
– **Sinn** des Gedichts

Deux corps enlacés[1],
Durant deux ou trois heures.
Une vie de gâchée[2],
Entre soupirs[3] et peurs.

Un coup de foudre, un baiser[4],
Un an au Paradis,
Une dispute, une rupture[5],
Et un siècle d'ennuis.

L'Amour, c'est des rires,
Finissant par des pleurs,
Au début un plaisir,

A la fin, une horreur.
L'Amour on en retient[6],
Que ça ne sert à rien.

Pierrot, 15 ans, Montpellier
© Momes.net

9 Un entretien

*Regarde bien l'image, puis décris-la dans ton cahier (au moins 10 phrases). Utilise les indications
et les expressions que tu trouves à la page 12 de ton livre. Tu peux te servir d'un dictionnaire.*

10 Pendant un rendez-vous …

*Reprends la photo de l'exercice 9 et imagine l'histoire
qu'elle illustre. Qui sont les deux jeunes? Qu'est-ce
qu'ils ont à se dire? Parle surtout de leurs sentiments.
Rends ton histoire vive[7] en utilisant aussi le discours
direct. Ecris au moins 160 mots dans ton cahier.*

TIPP
Wenn du die Handlung des Buches oder des Films kennst, aus dem das Foto stammt, solltest du die Geschichte **nicht nacherzählen**, sondern dir deine eigenen Gedanken machen, um was es hier gehen könnte.

---

1 enlacé(e) [ɑ̃lase] umschlungen – **2 gâché(e)** [gɑʃe] verdorben/vergeudet – **3 un soupir** [ɛ̃supiʀ] ein Seufzer – **4 un baiser** [ɛ̃beze] ein Kuss – **5 une rupture** [ynʀyptyʀ] ein Bruch – **6 retenir qc** [ʀətniʀ] *hier:* sich etw. merken – **7 vif, vive** [vif, -iv] lebendig

MEDIATION 1

11 Rendre en allemand: Au jeu de l'amour, pas de hasard

Pourquoi elle? Pourquoi lui? Le plus souvent, nous tombons amoureux de quelqu'un qui nous ressemble[1], dans la cour du lycée comme sur Internet.

Sur le site Internet du magazine «Phosphore», tu as trouvé l'article suivant. Ton copain/Ta copine, qui est nul(le) en français, te pose des questions sur l'article:

„Also was stimmt nun: ‚Gleich und gleich gesellt sich gern' oder ‚Gegensätze ziehen sich an'? Und woher weiß ich das, wenn ich jemand kennenlerne? Wie geht man denn im Internet vor? Manchmal lügen die Leute doch wie gedruckt, wie soll ich denn da wissen, wer die Richtige/der Richtige ist?"

Prépare ton résumé: prends d'abord des notes structurées pour chaque paragraphe de l'article dans ton cahier. Puis, résume en allemand ce que tu en as compris. Sers-toi d'un dictionnaire bilingue.

Que le ciel se soit ouvert en deux pour désigner une inconnue au cœur de la foule ou que le bon pote de toujours se soit d'un coup révélé attirant, la rencontre de l'amour n'a pas grand-chose à voir avec le hasard. «On était faits l'un pour l'autre!» s'émerveillent parfois les amoureux chanceux. Ils ne croient pas si bien dire.
Car quitte à décevoir les inconditionnels des contes de fées[2], on tombe plutôt amoureux de ceux qui nous ressemblent. «Une fille du 16ᵉ arrondissement de Paris a peu de chances de vivre une histoire d'amour avec un garçon du 9–3», résume Marie Bergström, doctorante en sociologie. «D'abord, parce qu'ils ont peu d'occasions de se rencontrer mais aussi parce que, s'ils se rencontrent, il y a peu de chances qu'ils se plaisent. «Un constat bien peu romantique, et qui semble enfermer dans des stéréotypes[3] bien intolérants! Et pourtant, plusieurs enquêtes sociologiques confirment l'adage «Qui se ressemble s'assemble». Il ne s'agit pas en effet de refus d'aimer la différence mais du besoin comme en amitié, d'avoir des points communs forts. Alors, adieu philtres d'amour[4], bonjour filtres d'amour!

Une rencontre amoureuse se fonde sur d'innombrables critères, souvent inconscients. «Sans même y penser, on sort tel soir, dans tel quartier, dans tel bar, où notre regard est attiré par telle personne, par une attitude, une façon de se tenir …» détaille la sociologue. Notre corps réagit et envoie, souvent à notre insu[5], des signaux de désir […] L'apparence de l'autre tient un rôle capital, jouant sur des critères inconscients (les filles savent-elles qu'elles choisissent surtout des hommes plus grands?) mais aussi conscients: «Mon genre? Grande, mince, super mignonne», dit Jérémie, 17 ans.
«Brun, teint mat, un peu de barbe … et il ne faut pas qu'il fasse jeune, ni qu'il porte de jogging!» précise Mathilde, 19 ans. Le physique, le look, la voix, l'humour, les sujets de conversation … autant d'éléments qui révèlent notre proximité avec l'autre.

S'ils se rencontrent surtout sur leur lieu d'études, les jeunes échappent-ils plus que les générations précédentes à ce déterminisme[6] amoureux, notamment grâce aux rencontres sur Internet? Pas vraiment, selon Marie Bergström: «Internet permet d'agrandir l'aire géographique. Mais par les réseaux sociaux[7], on rencontre toujours des amis d'amis, et sur les forums, des gens qui partagent nos centres d'intérêt[8]. Quant aux pseudos, au vocabulaire, aux fautes d'orthographe, ils donnent de nombreuses indications sur la personne qui nous parle. Sur le Net comme en voyage, on reste attiré par ceux qui nous ressemblent.» Sophie et Dominik, 16 et 17 ans […], en savent quelque chose: «On est du même lycée, on a plein d'amis communs, on a tous les deux une famille internationale. Et à Noël, on a même eu les mêmes cadeaux: le même téléphone et le même lecteur MP3!»

Aziliz Claguin 15.07.2009
© Phosphore, Bayard Jeunesse

---

1 ressembler à qn [ʀ(ə)sɑ̃ble] jdm. ähneln – **2 quitte à décevoir les inconditionnels** auch wenn es bedeutet, die bedingungslosen Anhänger (solcher Märchen) zu enttäuschen, … – **3 un stéréotype** [ɛ̃stereɔtip] ein Klischee – **4 un philtre d'amour** [ɛ̃filtʀədamuʀ] ein Liebestrank – **5 à notre insu** [anɔtʀɛ̃sy] ohne unser Wissen – **6 le déterminisme** [lədetɛʀminismə] der Determinismus *(etwas ist durch Vorbedingungen schon festgelegt)* – **7 un réseau social** [ɛ̃ʀezosɔsjal] ein soziales Netzwerk – **8 un centre d'intérêt** [ɛ̃sɑ̃tʀdɛ̃teʀɛ] ein Interessengebiet

1 INTERRO

10 Pkte.

🔊 **1 Ecouter: «Moi, Kensuké»**

Dans son roman «Le royaume de Kensuké», Michael Morpurgo raconte l'histoire d'un garçon anglais qui fait le tour du monde[1] en bateau avec ses parents et sa chienne Stella Artois. Pendant une tempête, le garçon et la chienne tombent à l'eau et se retrouvent sur une île déserte[2] où le garçon essaie de se faire remarquer par un bateau. Tout à coup, il n'est plus seul …

a-Teil 1 Pkt.

a Ecoute l'extrait du roman, puis coche l'image qui illustre le texte (①, ② ou ③).

Michael Morpurgo

b-Teil 5 Pkte.

b Réécoute le texte, puis coche la bonne réponse.

	vrai	faux	on ne sait pas
1. L'homme qui a un bâton[3] est un colère.	☐	☐	☐
2. Le garçon a peur.	☐	☐	☐
3. Stella, la chienne, veut attaquer l'homme.	☐	☐	☐
4. L'homme veut éteindre le feu car il craint un incendie dans la forêt.	☐	☐	☐
5. Le garçon espère que ses parents vont voir le feu et viendront le chercher.	☐	☐	☐
6. L'homme emmène[4] le garçon dans sa caverne[5].	☐	☐	☐
7. L'homme ne veut plus revoir le garçon.	☐	☐	☐
8. L'homme montre une carte de l'île au garçon.	☐	☐	☐
9. Sur l'île, il y a des animaux dangereux.	☐	☐	☐

c-Teil 2 Pkte.

c Après avoir réécouté le texte, explique la signification du dessin dans le sable.

_____
_____
_____
_____
_____

d-Teil 2 Pkte.

d Mets-toi à la place du garçon et raconte par écrit tes sentiments pendant la rencontre avec l'homme.

---

1 faire le tour du monde [fɛʀlətuʀdymõd] eine Weltreise machen – **2 une île déserte** [ynildezɛʀt] eine einsame Insel – **3 un bâton** [ɛ̃batõ] ein Stock – **4 emmener qn** [ɑ̃mne] jdn. mitnehmen – **5 une caverne** [ynkavɛʀn] eine Höhle

INTERRO 1

2 Lire: Dans le bateau

Après la rencontre sur la plage, l'homme donne de la nourriture[1] au garçon, mais il évite tout contact avec lui. De loin[2], il fait attention que le garçon ne fasse plus de feu et Michael a l'impression d'être en prison. Quand les deux s'approchent l'un de l'autre, Kensuké explique au garçon (qu'il appelle «Micasan») pourquoi il vit seul sur l'île: depuis que les Américains ont tué sa femme et son fils à Nagasaki, il déteste tous les hommes[3]. Quelque temps après, Kensuké et Michael partent à la pêche en pirogue[4] …

INFO
Mehr als 300 000 Menschen sterben, als US-amerikanische Flugzeuge Atombomben auf **Hiroshima** und **Nagasaki** werfen (06. und 09.08.1945).

a Lis le texte. Les annotations vont t'aider. Tu peux d'abord relire le texte de l'exercice 1 si nécessaire (cf. pdf).

TIPP
Auf der CD findest du den Text mit **einsprachigen Worterklärungen** sowie eine Variante **ohne Worterklärungen** (→ PDF).

– Toi comme un fils pour moi, maintenant. Nous heureux. Nous faisons la peinture, la pêche. Nous heureux.
5 Nous restons ensemble. Toi, ma famille, Micasan. Oui?
– Oui, dis-je, sincèrement convaincu[5].
Il me laissa prendre l'aviron et me montra comment ramer[6] debout, les pieds bien plantés[7] et bien
10 écartés[8].
Ce n'était pas aussi facile que je l'avais cru au premier abord[9]. Il était clair que Kensuké me faisait entièrement confiance[10] pour nous ramener sur l'île, car il s'était assis à la poupe[11] de la pirogue pour se
15 reposer[12]. Il s'endormit presque aussitôt[13], la bouche ouverte, le visage creusé[14]. Il semblait toujours plus vieux quand il dormait. Tandis que[15] je le regardais, j'essayais de me représenter son visage tel qu'il avait dû être quand il était arrivé sur l'île la première
20 fois, il y avait si longtemps, plus de quarante ans auparavant[16]. Je lui devais tant[17]! Il m'avait sauvé[18] deux fois la vie, m'avait nourri[19] et m'avait traité[20] en ami. Il avait raison. Nous étions heureux et j'étais sa famille. Mais j'avais aussi une autre famille. Je
25 repensai à la dernière fois où j'avais été sur un bateau, à mon père, à ma mère, au souci[21] qu'ils devaient se faire pour moi chaque jour chaque nuit. A présent, il devaient sûrement croire que je m'étais noyé[22], qu'il n'y avait plus aucune chance de me
30 retrouver vivant[23]. Mais je ne m'étais pas noyé. J'étais en vie. D'une manière[24] ou d'une autre, il fallait que je le leur fasse savoir. Tandis que je m'escrimais[25] à ramener la pirogue sur l'île, cet après-midi-là, je fus soudain submergé[26] par l'envie de les revoir,
35 d'être avec eux. Je pourrais voler la pirogue, je pourrais ramer loin d'ici, je pourrais refaire un feu. Mais je savais très bien qu'en réalité c'était devenu impossible. Comment pourrais-je abandonner[27] Kensuké maintenant, après tout ce qu'il avait
40 fait pour moi? Comment pourrais-je trahir[28] sa confiance? J'essayai de chasser ces idées de ma tête, sincèrement convaincu que j'y parviendrais[29]. Mais le lendemain matin, je trouvai une bouteille de Coca-Cola en plastique, rejetée sur la plage par
45 la mer. A partir de là, l'idée de m'évader[30] revint me hanter[31] du matin au soir et ne me lâcha[32] plus.

Michael Morpurgo, *Le royaume de Kensuké*, traduit par Diane Ménard © Michael Morpurgo, 1999; © Editions Gallimard Jeunesse, 2000, pour la traduction française

b Relis le texte, puis réponds aux questions sur la page 14.

---

1 **la nourriture** [lanuʀityʀ] die Nahrung – 2 **de loin** [dəlwɛ̃] von weitem – 3 **les hommes** [lezɔm] die Menschen – 4 **une pirogue** [ynpiʀɔg] ein Einbaum – 5 **être convaincu(e)** [kɔ̃vɛ̃ky] überzeugt sein – 6 **ramer** [ʀame] rudern – 7 **planté(e)** *(fam.)* [plɑ̃te] gerammt – 8 **écarté(e)** [ekaʀte] gespreizt – 9 **au premier abord** [opʀəmjeʀabɔʀ] auf den ersten Blick – 10 **faire confiance à qn** [fɛʀkɔ̃fjɑ̃s] jdm. vertrauen – 11 **la poupe** [lapup] das Heck – 12 **se reposer** [səʀəpoze] sich ausruhen – 13 **aussitôt** [osito] sofort – 14 **creusé(e)** [kʀøze] *hier:* hohlwangig – 15 **tandis que** [tɑ̃dikə] während – 16 **auparavant** [opaʀavɑ̃] zuvor – 17 **tant** [tɑ̃] so viel – 18 **sauver qn** [sove] jdn. retten – 19 **nourrir qn** [nuʀiʀ] jdm. nähren / jdm. etw. zu essen geben – 20 **traiter qn** [tʀete] jdn. behandeln – 21 **un souci** [ɛ̃susi] eine Sorge – 22 **se noyer** [sənwaje] ertrinken – 23 **vivant(e)** [vivɑ̃,-ɑ̃t] lebend / lebendig – 24 **une manière** [ynmanjɛʀ] eine Art – 25 **s'escrimer** [sɛskʀime] sich abmühen – 26 **submergé(e)** [sybmɛʀʒe] überwältigt – 27 **abandonner qn** [abɑ̃dɔne] jdn. im Stich lassen – 28 **trahir** [tʀaiʀ] verraten – 29 **parvenir à faire qc** [paʀvəniʀ] gelingen, etw. zu tun – 30 **s'évader** [sevade] flüchten – 31 **hanter** [ɑ̃te] verfolgen *(bildl.)* – 32 **lâcher** [lɑʃe] loslassen

1 INTERRO

1. Quels sont les sentiments de Kensuké pour Michael?

_____
_____
_____
_____
_____

2. Dans quel conflit Michael se trouve-t-il?

_____
_____
_____
_____
_____
_____
_____
_____
_____
_____

3 Ecrire: La bouteille de coca

Regarde les images, puis raconte la suite de l'histoire dans ton cahier (environ 160 mots). Dis comment, à ton avis, l'histoire va finir. Tu peux d'abord relire les textes des exercices 1 et 2 si nécessaire.

Dossier 2 Au cœur des banlieues

1 Ma banlieue

Sophie a invité sa copine Leïla qu'elle n'a pas vue depuis longtemps.

a *Ecoute le dialogue. Essaie de retenir comment s'appellent les deux banlieues où habitent les jeunes filles et ce qu'elles font dans la vie.*
Puis, coche la bonne réponse.

1. Sophie habite à	2. Leïla habite à
a) Nogent-sur-Marne, une banlieue à l'ouest de Paris. ☐ b) Bry-sur-Marne, une banlieue à l'est de Paris. ☐ c) Noisy-le-Grand, une ville nouvelle moderne à 30 km de Paris. ☐	a) Chatenay-Malabry dans le sud de Paris. ☐ b) Ivry-sur-Seine à 5 minutes de Paris. ☐ c) Champigny-sur-Marne pas loin de Paris. ☐
3. Sophie est a) dans une école d'architecture. ☐ b) dans une école de musique. ☐ c) dans une école de peinture. ☐	4. Leïla fait a) des études de maths. ☐ b) un stage dans une entreprise. ☐ c) des études d'informatique. ☐

b *Ecoute le dialogue encore une fois et coche la/les bonne(s) réponse(s).*

1. Leïla est venue chez Sophie il y a	2. Sophie vit
a) deux ans pour fêter le bac de Sophie. ☐ b) deux ans pour fêter les 18 ans de sa copine. ☐ c) un an pour fêter l'anniversaire de Samuel. ☐	a) seule dans un appartement. ☐ b) sur une péniche[1] avec ses grands-parents. ☐ c) dans une petite maison avec ses parents et son frère. ☐
3. Sophie apprend à jouer a) de la guitare et du piano. ☐ b) de la guitare, de la batterie[2] et du piano. ☐ c) de la flûte, de la guitare et de la batterie. ☐	4. Dans la ville de Sophie, il y a a) un fleuve qui s'appelle la Marne. ☐ b) un lycée qui ressemble à un bateau retourné. ☐ c) un théâtre où on joue des pièces modernes. ☐
5. Les Espaces d'Abraxas, c'est a) un lieu où il y a trois grands bâtiments[3] modernes. ☐ b) un centre commercial pour faire ses courses. ☐ c) un lieu où on peut loger. ☐	6. Le Palacio ressemble à a) un château. ☐ b) un palais[4] grec de l'Antiquité[5]. ☐ c) un palais italien. ☐

---

1 une péniche [ynpeniʃ] *hier:* ein Hausboot – **2 une batterie** [ynbatʀi] ein Schlagzeug – **3 un bâtiment** [ɛ̃batimɑ̃] ein Gebäude – **4 un palais** [ɛ̃palɛ] ein Palast – **5 l'Antiquité** *(f.)* [lɑ̃tikite] die Antike

2 ECOUTER

7. Dans les camemberts du quartier «Pavé-Neuf»,
a) il y a des appartements avec un étage dedans. ☐
b) il y a des appartements et une usine. ☐
c) il y a une usine de camemberts. ☐

8. Leïla ne sort pas beaucoup parce qu'elle
a) doit travailler pour ses études. ☐
b) n'aime pas sortir. ☐
c) doit s'occuper de son frère. ☐

c Réponds aux questions suivantes dans ton cahier.
Tu peux réécouter le dialogue si nécessaire.

1. Pourquoi est-ce que Sophie préfère habiter dans une maison?
2. Pourquoi est-ce que son frère met souvent sa musique très fort?
3. Qu'est-ce que tu sais en plus de la ville où habite Sophie?
4. Pourquoi est-ce que Leïla doit beaucoup travailler?
5. Pourquoi est-ce que Sophie dit à Leïla: «*Heureusement que tu m'as aidée!*» quand elle parle de l'époque où elles étaient ensemble à l'école?

> **TIPP**
> Wenn dich moderne Architektur interessiert, kannst du dich im Internet einmal näher über die *Espaces d'Abraxas* informieren!

d Compare par écrit (dans ton cahier) la ville de banlieue où vit Sophie à la banlieue de **Clichy-sous-Bois** dans le département de la Seine-Saint-Denis. Regarde les photos et lis les paroles[1] des habitants de Clichy, les Clichois. Sers-toi des questions **1.–3.** Mets tes remarques dans un tableau.

«Vivre à Clichy-sous-Bois? Une cité à côté de l'autre, peu d'espaces verts et souvent, des problèmes entre les jeunes et la police. Mais il faut ajouter que ça commence à changer, maintenant. Il était temps!»
(Caroline C., 52 ans)

«A Clichy-sous-Bois, le quartier du Chêne-Pointu, c'est comme les favelas[2] au Brésil et on est à 15 km de Paris!»
(Paul A., 38 ans)

«Clichy-sous-Bois, ce n'est pas seulement les cités en béton, c'est aussi les balades urbaines: chacun peut y participer et aller regarder tout ce qui est fait pour changer la vie de notre ville.»
(Didier N., 24 ans)

«Ici, on est en train de transformer plein de quartiers, de cités. On rénove[3] les appartements et on crée de nouveaux espaces verts. Alors Clichy-sous-Bois, c'est une banlieue comme une autre et je suis contente d'y vivre!»
(Miriam A., 45 ans)

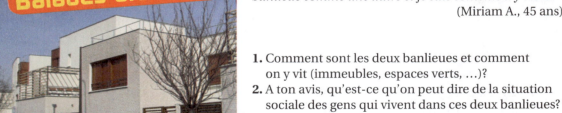

1. Comment sont les deux banlieues et comment on y vit (immeubles, espaces verts, …)?
2. A ton avis, qu'est-ce qu'on peut dire de la situation sociale des gens qui vivent dans ces deux banlieues?
3. Quels sont les problèmes des gens?

---
1 la parole [lapaʀɔl] das Wort – **2** un favela [ɛ̃favela] *Elendsviertel in Brasilien* – **3** rénover qc [ʀenɔve] *etw. instandsetzen*

GRAMMAIRE 2

2 «La première étoile» → §§ 3, 4

a *Des Antillais en vacances de ski? Du jamais vu! C'est l'idée principale du film «La première étoile» de Lucien Jean-Baptiste, comédien et metteur en scène d'origine antillaise. Lis d'où cette idée lui est venue. Puis, mets les verbes au mode nécessaire (**indicatif** ou **subjonctif**) et écris la bonne forme dans ton cahier.*

Lucien Jean-Baptiste prétend que ce / c' (1. être) un souvenir d'enfance et il trouve intéressant qu'un film (2. mettre) en scène une famille défavorisée habitant dans une banlieue, Créteil, et que ce ne/n' (3. être) pas un film triste mais une comédie.

Alors, Jean-Gabriel, père d'une famille de trois enfants, vient encore de perdre son travail. Sa femme, femme de ménage[1] doit voler au supermarché pour que la famille (4. pouvoir) manger à sa faim[2]. Alors que dire quand la fille, Manon, souhaite que la famille (5. partir) en vacances de ski comme ses copines de classe? Avant que la mère ne (6. pouvoir) réagir, le père promet qu'ils (7. partir). Mais où trouver l'argent nécessaire? La mère ne croit plus que son mari (8. être) capable de s'occuper de la famille mais elle exige qu'il (9. tenir) sa promesse[3]. Jean-Gabriel va donc devoir inventer mille et une idées originales[4] jusqu'à ce qu'il (10. avoir) assez d'argent pour ce voyage. Mais bien qu'il (11. réussir) à avoir les vêtements de ski grâce à la solidarité entre les habitants de sa cité, il comprend vite que ce ne/n' (12. être) pas suffisant. Il propose alors que sa mère (13. venir) avec eux pour qu'elle (14. payer) une partie du voyage. Les enfants sont contents qu'elle (15. aller) avec eux et ils partent sans que le père (16. avoir) assez d'argent en poche. A la montagne, rien ne se passe comme prévu[5]. Mais bien que la famille (17. vivre) aventure après aventure, ils rencontreront des gens sympathiques, aussi des gens pleins de préjugés et ils apprendront à faire du ski. Et le film se termine sur un happy-end!

b *Relis le texte, trouve la phrase avec laquelle on peut faire une **construction infinitive** et transforme-la.*

---

3 Je fais ce que je veux! → § 5

Lis ce qu'Abda et Inès disent. Puis, complète les phrases avec «faire faire» ou «laisser faire». Mets les pronoms à la bonne place. Utilise les temps indiqués (présent ou passé composé).

1. – Eh, salut, Inès! Tu *(p.c.)* _____ couper tes beaux cheveux? – Salut, Abda! Oui, je *(les/p.c.)* _____ couper chez Mania, le super coiffeur! Pas mal, hein? **2.** – Et tes parents *(te/prés.)* _____ faire? – Mes parents? Ils *(me/prés.)* _____ faire ce que je veux! **3.** – Tu as de la chance! Moi, ils *(ne pas/me/prés.)* _____ porter des jupes aussi courtes que les tiennes[6]! Ils *(me/prés.)* _____ porter des jupes qui arrivent presqu'aux pieds! **4.** – Ah bon? La pauvre! Moi, ils *(me/prés.)* _____ sortir même tard le soir! Ah, mon téléphone sonne. Attends! … «Allô, maman? Oui, d'accord maman, je rentre tout de suite!» **5.** – C'était ta mère? Je comprends mieux maintenant: en fait, ta mère *(te/prés.)* _____ faire ce qu'elle veut! Salut, Inès! … Quelle baratineuse!

---

[1] **une femme de ménage** [ynfamdəmenaʒ] eine Putzfrau – [2] **manger à sa faim** [mɑ̃ʒeasafɛ̃] sich satt essen – [3] **une promesse** [ynpʀɔmɛs] ein Versprechen – [4] **original(e)** [ɔʀiʒinal] originell – [5] **prévoir qc** [pʀevwaʀ] etw. voraussehen – [6] **le tien, la tienne** [lətjɛ̃, latjɛn] dein(e)

17

2 VOCABULAIRE

4 Mais qu'est-ce qu'il raconte?

*Un jeune raconte une histoire. Tu comprends ce qu'il dit? Fais une liste des mots soulignés, transpose-les en **français standard** et récris l'histoire avec tes mots dans ton cahier.*

TIPP
Schaue die Liste mit den „Mots familiers" in deinem SB auf S. 101 an. Du kannst auch im Internet unter „dictionnaire banlieusard" suchen! Da findest du Begriffe der „Insidersprache".

«Eh, mec, faut que j'te raconte un truc zarbi. On a eu un blème hier avec les flics. Alors voilà. On était dans la cité, il était pas tard et on faisait pas grand-chose, on écoutait de la zique, bon, peut-être un peu fort mais bon, faut bien entendre quand on écoute de la zique! On se marrait bien et tout à coup, les flics s'amènent. Ben, ça nous a fait flipper, ça! Ils nous ont demandé ce qu'on foutait là et nous on a dit, ben rien! Et eux ils ont dit: ‹Bon, barrez-vous, votre zique est trop forte› et fallait faire fissa!

J'ai dit: ‹Mec, j'hallucine, on fait rien, on fait pas la nouba!› Mais là, y a un des flics qu'était super baraqué, il m'a juste bien regardé alors, j'ai dit aux potes: ‹Allez, on se barre!› Et on est allés en bas de chez Lolo, une super nana, mec, je flashe sur elle, je kiffe trop cette nana, elle est canon, j't'e dis pas comment. Bon, on l'a appelée: ‹Lolo, descends, on t'attend!›. Mais, on avait pas la baraka hier, parce qu'elle est venue à la fenêtre et elle nous a dit qu'on était tous des nouilles et qu'on avait intérêt à se barrer et vite! J'crois qu'elle me kiffe pas. Et alors … on a été se coucher!»

5 Banlieues créatives

Lis le texte et complète-le avec le nouveau vocabulaire de ce dossier. Les mots allemands dans l'encadré vont t'aider. Fais attention à la bonne forme des mots.

| ungewöhnlich ■ Arbeiter ■ lebender Beweis ■ stolz ■ Vorteil ■ Anstrengungen ■ Grünflächen ■ Geste ■ sich versammeln ■ Gebäude ■ ablehnen ■ Graffiti ■ Sozial-wohnungen ■ benachteiligt ■ mischen ■ angenehm ■ nützlich sein ■ Gelegenheit |

Les banlieues, ce ne sont pas seulement des quartiers d_____, des i_____ tristes et des H._____ pleines de t_____, non, la banlieue, c'est aussi des lieux où les habitants font des e_____ pour rendre[1] la vie quotidienne[2] plus a_____. Ainsi[3], ils ont développé beaucoup d'idées originales et i_____. Voici quelques idées: une association d'étudiants aident les enfants en difficulté[4] pour leur travail scolaire[5]. Un grand a_____ pour ces enfants qui, souvent, r_____ de retourner à l'école et un beau g_____ de la part[6] de ces étudiants! Des élèves d'un collège ont eu l'idée de se r_____ pour préparer des rencontres entre eux et des retraités[7]. Ils vont une à deux fois par semaine dans des maisons de retraite[8] et ils sont f_____ de pouvoir expliquer aux retraités ce qu'ils ont appris à l'école. Ils disent qu'ils sont la p_____ v_____ que le dialogue entre les générations, ça existe[9]! Une autre initiative a été de créer des «Jardins partagés», de petits e_____ v_____ où tout le monde se m_____ (des familles, des o_____, des retraités, des classes) et qui s_____ à découvrir l'environnement pour les petits et les grands. Une o_____ idéale de partager des moments en pleine nature.

1 rendre [ʀɑ̃dʀ] machen – **2 la vie quotidienne** [lavikɔtidjɛn] der Alltag – **3 ainsi** [ɛ̃si] so – **4 une difficulté** [yndifikylte] eine Schwierigkeit – **5 scolaire** [skɔlɛʀ] Schul- – **6 de la part de qn** [dəlapaʀ] *hier:* von – **7 un retraité** [ɛ̃ʀətʀete] ein Ruheständler – **8 une maison de retraite** [ynmɛzɔdəʀətʀɛt] ein Altenwohnheim – **9 ça existe!** [saɛgzist] das gibt es!

6 «Foulard»[1]

a Lis les extraits suivants dans lesquels B. Friot parle d'un problème difficile dans les écoles françaises: la question des filles qui portent un foulard.

TIPP
Auf der CD findest du den Text nur mit **einsprachigen** Worterklärungen (→ PDF)!

Extrait 1 *Claire raconte …*

Sans toi, ça ne va pas.
Place vide à côté de moi, vide, vide, vide. […]
Depuis combien de temps est-on ensemble, toi et moi? Depuis le deuxième trimestre du CP[2], quand Mme Delibes t'a installée près de moi, parce que tu bavardais[3] trop avec Malika.
Ensuite tu as bavardé avec moi. A l'école primaire, puis au collège, depuis la sixième. C'est pour être avec toi que j'ai choisi allemand première langue.
Jamais on ne t'a séparée de moi. […] On se passe des petits papiers, on se sourit, on parle avec les yeux. Non: on souriait, on parlait avec les yeux.
Tu n'es plus là.
Tu t'es séparée de moi.
Sans toi, ça ne va pas.
Je continue à tout te dire, tout ce qui me traverse la tête ou le cœur. Je le dis sans le dire, la bouche fermée. Les yeux fermés aussi, puisque tu n'es plus là, à côté de moi.
Ils t'ont renvoyée.
Le prof principal l'a annoncé à toute la classe, sans nous regarder. […] Il a dit:
– […] Le conseil de discipline[4] réuni hier soir a exclu[5] votre camarade Samira pour avoir refusé d'ôter son foulard à l'entrée du collège. Une loi a été votée[6] interdisant le port de tout signe religieux à l'intérieur des établissements scolaires. La loi doit être appliquée. Pas de questions? Pas de commentaires? Alors prenez votre manuel à la page 117.
Non, il n'y a pas eu de questions, pas de commentaires. On le savait déjà. Depuis la veille, la nouvelle avait circulé, par téléphone, par SMS, de cage d'escalier en cage d'escalier. […]
Et puis, ça faisait un mois que tu n'existais plus vraiment. Trois jours après la rentrée, le principal t'a appelée dans son bureau, t'a ordonnée d'enlever ton foulard. Tu as refusé. Il t'a reléguée[7] dans une petite salle, à côté du CDI. […]
Tu n'avais pas le droit de sortir pendant les récréations, même pour aller aux toilettes. Il ne fallait pas que quelqu'un te croise dans les couloirs.
J'allais te voir. Dès que la cloche sonnait, je me précipitais[8]. La documentaliste, Mme Arnold, me souriait quand je passais devant elle. Toi, au début, tu parlais, tes yeux noirs bougeaient sans cesse, lançaient des éclairs. Et puis peu à peu, ça s'est éteint. Sur tes épaules, ta tête était lourde […]
Entre nous, un mur de silence […]. Je ne l'ai pas vu grandir. Quand je suis allée chez toi, ce jour-là, tu n'as pas voulu me voir. […]

Extrait 2 *Claire prend un foulard dans les affaires de sa mère et vient au collège avec ce foulard sur la tête …*

Voilà. J'attends. Ils ont prévenu mes parents.
Ma mère va venir. Je n'ai pas enlevé le voile.
Ils m'ont enfermée dans une petite pièce, celle où les profs reçoivent les parents. […]
Il y a une table, trois chaises en plastique rouge, des étagères vides, une plante verte. Et une grande fenêtre.
Je vois la cour vide […].
J'attends.
Je n'ai plus peur.
Je suis délivrée de quelque chose qui me serrait partout, surtout là, sur la poitrine.
Le principal a crié, a menacé. La principale adjointe à discuté, expliqué. Moi, je me taisais.
J'attends.
Je n'ai plus peur. […]
Je ferme les yeux. Je respire très fort.
J'ouvre les yeux.
Je te vois.
Tu es de l'autre côté du grillage[9], près de la porte d'entrée. Samira. Pantalon noir, parka noir et foulard blanc.
Sofian est avec toi. Il te parle, tu regardes devant toi.
Non, tu lèves les yeux. Tu me vois. Oui, tu agites un bras.
Sofian regarde aussi vers moi. […]
Alors, je me lève. Par-delà la vitre, par-delà la distance, je te vois, tu me vois, et lentement je dénoue le foulard et le laisse tomber à mes pieds.
J'ébouriffe[10] mes cheveux, les fais danser dans la lumière, et comme je suis légère, légère. Et toi, là-bas, derrière la grille, tu secoues à peine la tête, tu passes la main sur ton front. […]
Tu ris.
Je ris. […]
J'arrive, Samira, j'arrive.

Bernard Friot, *Jours de collège*, Collection Scripto, © 2006 Gallimard Jeunesse

---

1 un foulard [ɛ̃fulaʀ] ein Kopftuch – **2 le CP** [ləsepe] die 1. Klasse – **3 bavarder** [bavaʀde] schwatzen – **4 le conseil de discipline** [ləkõsejdədisiplin] Gremium, das bei Verstößen gegen die (Schul-)Ordnung zusammentritt – **5 exclure qn** [ɛksklyʀ] jdn. ausschließen (*hier:* Schulausschluss) – **6 voter une loi** [vɔteynlwa] über ein Gesetz abstimmen – **7 reléguer** [ʀəlege] verbannen – **8 se précipiter** [səpʀesipite] *hier:* losrennen – **9 un grillage** [ɛ̃gʀijaʒ] ein Gitter – **10 ébouriffer** [ebuʀife] zerzausen

2 LIRE/ECRIRE

Maintenant, coche le bon résumé ①, ② ou ③.

① Claire est venue au collège avec un foulard sur la tête et on lui a dit de rentrer chez elle. ☐

② Comme Samira ne vient pas souvent au collège, on lui a dit de ne plus jamais revenir au collège. ☐

③ Samira est venue au collège avec un foulard sur la tête. D'abord, on l'a mise dans une salle. Ensuite, on l'a renvoyée. ☐

b *Relis le texte, puis coche la bonne réponse.*

Extrait 1	vrai	faux	on ne sait pas
1. Claire et Samira sont copines depuis qu'elles sont petites.	☐	☐	☐
2. Claire se sent seule sans sa copine.	☐	☐	☐
3. Samira est dans une petite salle parce qu'elle est malade.	☐	☐	☐
4. En France, on peut porter un foulard sur la tête dans les écoles si l'on veut.	☐	☐	☐
5. Claire voudrait que Samira enlève son foulard.	☐	☐	☐
6. Claire ne veut plus voir Samira.	☐	☐	☐
7. Quand Samira est renvoyée du collège, elle ne veut plus voir Claire.	☐	☐	☐
Extrait 2	☐	☐	☐
1. Claire est chez le principal parce qu'elle ne veut pas enlever son foulard.	☐	☐	☐
2. Claire a très peur parce qu'elle est seule dans cette petite pièce.	☐	☐	☐
3. Elle a peur aussi parce que sa mère va venir.	☐	☐	☐
4. Elle regarde par la fenêtre et elle voit Samira et un copain dans la cour.	☐	☐	☐
5. A la fin, Claire enlève son foulard.	☐	☐	☐

c *Réponds aux questions suivantes.*

1. Pourquoi est-ce que Claire décide d'aller au collège avec un foulard sur la tête?

_____

_____

2. Comment est-ce que tu trouves l'action de Claire? Imagine ta réponse.

_____

_____

 3. C'est la fin de la nouvelle de Bernard Friot mais imagine que le texte continue: que va-t-il arriver à Claire?

Ecris 120–160 mots dans ton cahier.

d *Tu es en France. Une de tes copines arrive à l'école avec un foulard sur la tête. Comme tu sais que c'est interdit, trouve des arguments pour qu'elle ne le mette pas. Elle, elle te donne des arguments sur les raisons pour lesquelles elle veut le porter. Mets les arguments «pour» et «contre» dans un tableau. Tu peux te servir d'un dictionnaire.*

20

PARLER / MEDIATION 2

7 Parler: Les fêtes des voisins

Chaque année, des fêtes de voisins sont organisées dans toute la France, dans les cours, sur les trottoirs devant les maisons et immeubles ou dans les jardins.

Imagine que tu aies participé à une telle fête. Raconte si tu trouves qu'une fête des voisins est une bonne idée et à quoi elle sert. Raconte également comment votre fête a été organisée et qui y est venu.
La page d'accueil ci-contre et les mots-clés pour réussir une fête que tu trouves dans l'encadré peuvent te donner des idées.
Tu as 10 minutes pour préparer ton monologue et 1 à 2 minutes pour parler.

organisation en commun[1] ▪ trouver le bon lieu ▪ l'ambiance / décoration ▪ le boire et le manger ▪ contre l'anonymat[2] ▪ les relations positives ▪ valeurs humaines[3]

8 Rendre en allemand: Les manuels scolaires sont-ils bourrés[4] de clichés?

Ton frère doit faire un exposé sur les clichés dans les livres d'école français et allemands. Comme son niveau en français n'est pas très bon, il te demande de lui donner les idées principales de l'article suivant. Sers-toi d'un dictionnaire si nécessaire.

Une femme voilée pour illustrer la Turquie, une main rachitique pour symboliser l'Afrique: nos manuels scolaires comportent, çà et là[5], des images, des tournures, des raccourcis qui trahissent une vision stéréotypée de la société et du monde. La Halde (Haute Autorité de lutte contre les discriminations) vient de publier une grande enquête sur la place des stéréotypes et des discriminations dans les manuels scolaires; 29 manuels et 3097 illustrations, de la 6e à la T^{le}[6] et dans presque toutes les matières, ont été passés au peigne fin. Résultat: le stéréotype le plus flagrant reste celui de la femme cantonnée à des fonctions considérées comme peu valorisantes. Un quart des illustrations de la vie au travail montre l'homme dans une position hiérarchique supérieure: un patron et une secrétaire, un chirurgien et une gynécologue. Les professions ne sont presque jamais féminisées sauf dans des cas précis: infirmière, documentaliste, etc.
Autre cliché, celui lié à l'origine. Les personnes citées s'appellent rarement Rachid ou Mohamed mais plus souvent Marie ou François. Et, selon la Halde, dans les manuels de géographie, les photos choisies mettent trop souvent l'accent sur la pauvreté dans les pays d'Afrique ou du Maghreb. Les retraités, quant à eux, sont au pire représentés dans des situations négatives – isolement, déficience ou inactivité –, au mieux comme des oisifs qui se dorent la pilule[7] sur la Côte d'Azur …
Dernières catégories: les handicapés et les homosexuels. On évoque les premiers pour présenter les Jeux paralympiques. Quant aux seconds, leur visibilité se borne aux chapitres dédiés au virus du sida ou aux images de la Gay Pride. «L'absence de représentation dans des situations banales renforce leur marginalité», souligne Clotaire Massengo, chargé d'étude à la Halde. Dommage toutefois que l'étude se limite à 29 manuels quand on sait qu'il en existe plus de 3500. L'échantillon est trop faible pour prétendre à la vérité. A moins de généraliser. Mais c'est souvent comme ça que les clichés apparaissent, non?

Lucie Geffroy, © Phosphore, Bayard Jeunesse, février 2009 (Texte intégral)

---

1 en commun [ɑ̃kɔmɛ̃] gemeinsam – **2 l'anonymat** (m.) [lanɔnima] die Anonymität – **3 des valeurs humaines** (f.) [desvalœʀymɛn] menschliche Werte – **4 bourré(e)** [buʀe] vollgestopft – **5 çà et là** [saela] stellenweise – **6 la T^{le}** (= la terminale) [latɛʀminal] die Abschlussklasse (= 12. Klasse in Deutschland) – **7 se dorer la pilule** (fig.) [sədɔʀelapilyl] sich dem süßen Nichtstun hingeben (bildl.)

2 PARLER / SAVOIR FAIRE / MEDIATION

9 Parler: Quel est le problème?

a *Regarde cette image et décris-la. Puis, imagine plusieurs scénarios: de quoi est-ce que ces filles discutent? Prends des notes (10 minutes de préparation, 1 à 2 minutes pour parler).*

Une des filles raconte qu'elle a vu Sophie embrasser Abdel alors qu'elle a déjà un petit ami … Les autres filles n'arrivent pas à le croire.

b *Travaillez à deux / à plusieurs et faites un dialogue / un entretien. Si vous avez parfois un problème pour continuer votre dialogue / entretien, servez-vous des expressions de votre livre, page 25 (10 minutes de préparation, 3 minutes pour communiquer).*

10 Communiquer et écrire: Un touriste dans la cité-jardin de Stains

Tu discutes avec tes copains et copines dans la rue devant la cité-jardin de Stains et tu vois qu'un touriste allemand essaie de parler avec un vieux monsieur qui travaille dans son jardin. Comme il parle très mal allemand tu lui proposes de faire l'interprète. Transpose les phrases 1.–7. dans ton cahier. Utilise un dictionnaire si nécessaire.

Le touriste: Vielen Dank, das ist sehr nett von dir. Frag bitte, was das genau ist, eine „cité-jardin"?

1. *Toi au vieux monsieur:* …

Le vieux monsieur: C'est un groupe de maisons – attention, pas d'immeubles! – construites dans des espaces verts. Des sortes d'H.L.M. Et en plus, il y a aussi des équipements collectifs comme des écoles, des magasins, une maison pour tous.

2. *Toi au touriste:* …

Le touriste: Heutzutage gibt es tolle Konzepte für öffentlich geförderte Wohnungen! Wann wurde die Anlage denn gebaut?

3. *Toi au vieux monsieur:* …

Le vieux monsieur: Oh, là, là, ça fait un bail! C'était dans les années 30, je crois bien! A l'époque, on a pensé qu'on devait offrir la chance aux ouvriers de profiter aussi de la nature. Moi, c'est grâce à mon père que j'ai ce jardin et heureusement que je l'ai parce qu'aujourd'hui, c'est très difficile d'en obtenir un. Et j'ai bien l'intention d'y rester jusqu'à ce que je ne puisse plus, croyez-moi! Je suis heureux dans mon jardin!

4. *Toi au touriste:* …

Le touriste: Das ist interessant. Aber nicht so außergewöhnlich in einem Vorstadtbezirk. In Deutschland gab es zu Beginn des 20. Jahrhunderts auch solche Projekte: die Schrebergärten. Es gibt davon ca. eine Million heute! Nach dem Krieg gab es zu wenig zu essen, deshalb baute man diese Kolonien, damit die Stadtleute ihr Gemüse anpflanzen konnten. Deshab sind bei uns solche Gärten entstanden. Gibt es viele davon in den Pariser Vorstädten?

5. *Toi au vieux monsieur:* …

Le vieux monsieur: Mais bien sûr qu'il y en a d'autres! Pas aussi belles que celle-ci mais il y en a, par exemple, il y a la cité-jardin de Suresnes qui est plus grande qu'ici. Ils ont même un théâtre, une infirmerie, des magasins collectifs. J'y suis allé une fois et ils sont bien les gens là-bas! Il peut aller voir s'il veut, c'est dans le 92, dans les Hauts-de-Seine!

6. *Toi au touriste:* …

Le touriste: Darf ich ein paar Fotos machen? Sein Garten ist wirklich außergewöhnlich!

7. *Toi au vieux monsieur:* …

Le vieux monsieur: Mais bien sûr! C'est une belle occasion parce que des belles fleurs comme ça, il n'y en a pas partout! Allez-y!

INTERRO 2

1 Ecouter: Travailler dans les banlieues sensibles[1]

a *Trois personnes qui travaillent dans les banlieues parlent de leur travail. Ecoute-les une première fois, puis coche la bonne réponse.*

Isabelle S., professeur de français   Paul V., conducteur de bus   Martine A., pharmacienne

Elle adore son travail même si c'est difficile. ☐	Il trouve qu'aujourd'hui, conduire un bus, c'est du stress. ☐	Elle n'a pas peur dans sa pharmacie même s'il y a des gens qui attaquent les pharmacies. ☐
Elle aime son travail mais elle n'aime pas ce collège alors elle va dans un autre. ☐	Il n'est pas d'avis que ce métier soit difficile et il adore son bus. ☐	Elle a peur mais comme les gens aiment son travail, alors ça va. ☐
C'est dur et elle se demande chaque jour si elle ne va pas quitter ce collège. ☐	Il aimerait bien qu'on lui donne un autre quartier parce qu'il en a assez des problèmes. ☐	Elle n'a pas peur car elle a un revolver et elle va s'en servir si on l'attaque. ☐

b *Réécoute le CD. Vrai ou faux? Corrige quand c'est faux. Fais une pause après chaque personne.*

Isabelle S.	vrai	faux	phrases corrigées
1. Dans le collège où Isabelle travaille, les parents ne peuvent pas toujours aider les enfants à faire leurs devoirs.	☐	☐	_____
2. Les élèves respectent les profs et il n'y pas de problèmes entre eux.	☐	☐	_____
3. Il y a des profs qui ne supportent plus ce travail mais ils doivent rester.	☐	☐	_____
Paul V.			
1. Paul dit que quand on est conducteur de bus, on voit des trucs bizarres.	☐	☐	_____
2. Il interdit aux jeunes de faire la loi[2] dans son bus.	☐	☐	_____
3. Conducteur de bus: c'est un métier agréable.	☐	☐	_____
Martine A.			
1. Martine explique qu'être pharmacien, ce n'est pas dangereux.	☐	☐	_____
2. Parmi les pharmaciens, 60% sont des femmes.	☐	☐	_____
3. En général, la population[3] d'Afrique noire respecte les pharmaciens.	☐	☐	_____

---
1 sensible [sãsibl] *hier:* schwierig – **2 faire la loi** [fɛʀlalwa] herumkommandieren – **3 la population** [lapɔpylasjɔ̃] die Bevölkerung

2 INTERRO

c *Réponds aux questions suivantes dans ton cahier. Tu peux réécouter le CD si nécessaire.*

1. Qu'est-ce qu'Isabelle donne comme conseils aux profs pour que la situation entre eux et les élèves difficiles devienne meilleure?
2. Pourquoi, d'après Paul et selon toi, est-ce qu'il n'y a pas assez de bus la journée et pas du tout le soir dans certaines banlieues? Quelles en sont les conséquences pour les banlieues?
3. Pourquoi Martine dit-elle que les populations d'Afrique noire respectent plus les pharmaciens que les autres?

2 Ecrire: Jamel: «Ma cité et les autres quartiers»

Dans un atelier d'écriture, Jamel doit présenter des images qui illustrent pour lui sa vision¹ de la vie dans sa cité **(A)** et de la vie dans les quartiers bourgeois² **(B)**.

*Regarde les images. Puis, écris deux textes sur la manière dont il voit la vie dans sa cité **(A)** et comment il imagine la vie dans les quartiers bourgeois **(B)**. Comment trouves-tu la vision de Jamel des quartiers bourgeois? Te semble-t-elle réaliste? Explique pourquoi (pas). Sers-toi d'un dictionnaire si nécessaire. Ecris environ 160 mots.*

A

B

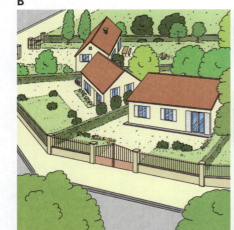 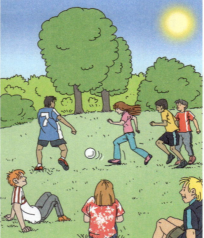 

---

1 une vision [ynvizjɔ̃] eine Sicht – **2 bourgeois(e)** [buʁʒwa, -az] bürgerlich

INTERRO 2

3 Lire: Draguer une fille

Dans ce roman, «Sarcelles-Dakar» d'Insa Sané, on raconte l'histoire de Djiraël, un jeune homme d'origine sénégalaise qui habite à Sarcelles, une banlieue sensible.

a *Lis le texte. Quelle est la situation? Coche le bon résumé (A, B ou C).*

J'étais dans l'omnibus de 12 h 20 direction Gare du Nord, installé dans le wagon de tête, près de la vitre côté quai. La rame entrait dans la gare de Groslay […]. Un jeune garçon et son père se sont assis face à moi. L'espace d'une seconde, j'ai croisé le regard de l'adulte, et aussitôt, j'ai détourné les yeux. L'enfant posait un tas de questions auxquelles son paternel tentait de répondre tant bien que mal. Moi, je connaissais par cœur ces images animées des banlieues parisiennes qui défilaient à toute vitesse sous mes yeux. J'étais à trois graffitis de la Gare du Nord. […] Terminus, tout le monde descend! Et tout le monde est descendu. Le petit garçon et son père ont disparu dans la foule.
12 h 40, j'avais rendez-vous avec Youba à 13 heures. […]
Comment tuer le temps? Au bout de vingt minutes, une occupation s'est présentée. Elle était mince, de taille moyenne. Elle avait une […] belle gueule […]. En passant tout près de moi, elle m'a lancé un regard … Elle savait que je l'avais remarquée. J'aimais bien la façon dont elle était fringuée. […]
– Excusez-moi mademoiselle! Je n'ai pas envie de faire un scandale, alors vous allez juste me rendre ce que vous venez de me prendre.
Elle s'est immobilisée et a ouvert de grands yeux.
– Mais qu'est-ce que je vous ai pris?
– Bah! Vous m'avez pris toute mon attention. La preuve, c'est que j'ai attrapé un vilain torticolis[1] en vous suivant des yeux. […]
Elle a éclaté de rire.
– C'est la première fois qu'on me fait un coup pareil.
– Au moins, je t'aurais fait rire. Je m'appelle Djiraël, et toi?
– Moi, c'est Aïcha.
– Enchanté, Aïcha. Ecoute! On va s'arranger […]. Tu me laisses ton numéro de téléphone et je t'appelle pour que tu me fasses un bon petit plat.
– Qu'est-ce qui te dit que je vais accepter?
– Ah! J'en étais sûr. On ne peut pas être à la fois belle et prétendre être un cordon-bleu. C'est pas grave, je ferai la cuisine, mais tu amènes le dessert.
Dans mon sac à dos, j'ai pris un stylo et un bout de papier. Bien entendu, […] la demoiselle a fait mine de résister à mes avances. Mais je ne me suis pas découragé […].
– Je t'écoute.
– 34 38 85 78.
– OK! C'est noté, je t'appelle. Surtout, prends soin de ce que tu m'as pris. A bientôt Aïcha.
– A bientôt.
L'affaire est dans le sac. Moi, j'ai pas la gueule de Denzel Washington mais j'ai de la tchatche. […]

Insa Sané, *Sarcelles Dakar* © Editions Sarbacane, Paris, 2006

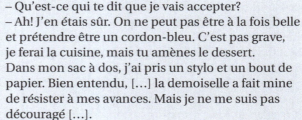

| **A** Djiraël a un rendez-vous avec son copain Youba. Mais comme il est arrivé en avance, il drague une fille qu'il trouve jolie et elle lui donne son numéro de téléphone. ☐ | **B** Djiraël a rendez-vous avec son père mais comme il ne vient pas, il drague une fille qui s'appelle Aïcha. ☐ | **C** Aïcha remarque un garçon, Djiraël, qui lui plaît et elle lui demande son numéro de téléphone. Elle lui propose de lui faire un bon repas et que lui, il apporte le dessert. ☐ |

b *Relis le texte. Vrai ou faux? Coche la bonne réponse.*

	vrai	faux		vrai	faux
1. Djiraël habite à la Gare du Nord.	☐	☐	5. Il dit à la fille qu'elle lui a volé qc.	☐	☐
2. Il a un rendez-vous à 12 h 20.	☐	☐	6. Il aime les vêtements de la fille.	☐	☐
3. Il dit à la fille qu'il n'a pas envie de faire un scandale.	☐	☐	7. Il veut faire la cuisine pour la fille mais elle, elle veut la faire.	☐	☐
4. La fille ne veut pas écouter ses histoires.	☐	☐	8. La fille ne veut pas le revoir.	☐	☐

---

[1] **attraper un torticolis** [atʀapeɛ̃tɔʀtikɔli] einen schiefen Hals bekommen

2 INTERRO

c *Réponds aux questions suivantes dans ton cahier.*

1. Pourquoi est-ce que le père du petit garçon regarde bien Djiraël quand il s'assoit avec son enfant en face de lui? *(Deux raisons.)*
2. Pourquoi est-ce que la fille répond à Djiraël quand il lui parle?
3. Est-ce que tu penses qu'elle lui a donné un bon numéro de téléphone? Pourquoi (pas)?

4 Médiation: «Neukölln unlimited»

Der Dokumentarfilm «Neukölln unlimited» wurde in dem bekannten Berliner Bezirk Neukölln gedreht. Dein Austauschpartner findet diese Inhaltsangabe im Internet, versteht sie aber doch noch nicht ganz. Du liest den Text und fasst ihn dann für deinen Austauschparnter auf Französisch zusammen.

BEACHTE
… folgende Kriterien:
- Ausgangstext korrekt und adressatengerecht darstellen,
- Informationen vollständig und angemessen darstellen,
- sprachlich und im Stil korrekt wiedergeben.

NEUKÖLLN UNLIMITED

Die Geschwister Hassan (18), Lial (19) und Maradona (14) sind talentierte Musiker und Tänzer, die seit frühester Kindheit im Berliner Bezirk Neukölln leben. Mit Hip-Hop und Breakdance sind sie aufgewachsen, das ist ihre Sprache, das ist ihre Leidenschaft.
5 Ihre Familie stammt aus dem Libanon und ist seit 16 Jahren permanent von der Abschiebung bedroht. Daher entwickelt Lial und Hassan den Plan, durch ihre Kunst den Lebensunterhalt der Familie zu sichern, damit diese legal im Land bleiben darf. Unter Druck entstehen Spannungen: Zwischen Lial und Hassan
10 entwickelt sich ein Konkurrenzkampf um die Ernährerrolle innerhalb der Familie.
Maradona hingegen schlägt einen anderen Weg ein, wiederholt wird er von der Schule suspendiert. Hin und her gerissen zwischen dem ambitionierten Lebensstil seiner älteren Geschwister
15 und dem Straßenleben mit seinen Kumpels, steht er am Scheideweg zwischen Motivation und Resignation.
Das Blatt wendet sich erst, als Maradona überraschend die Qualifikation zu einer TV-Casting-Show gelingt: Sollte er die Siegprämie von 100 000 Euro gewinnen, könnte er es sein, der
20 die Zukunft der Familie sichert.

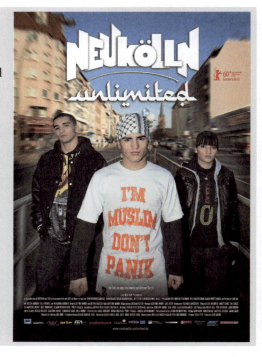

(Hinweis: Wenn du alle 4 Aufgaben machst, kannst du 35 Punkte erreichen.)

REGARDER UNE VIDEO 3

Dossier 3 Ville ou campagne?

1 **Campagnes en mouvement**

A la campagne, en France, il y a des choses et des gens qui bougent … Regarde ce que fait Karine Neveu, dans le département de la Creuse.

a *Regarde un reportage sur «La ferme du cheval rouge», puis coche le bon résumé.*

① Karine est née dans un petit village de campagne, c'est pourquoi elle adore la nature et la vie avec les animaux. Elle ne s'est jamais éloignée de son village – et ne voudrait pas vivre ailleurs[1] ou autrement. ☐

② Elle avait un bon poste[2] de directrice dans une entreprise à Paris, mais elle a eu envie de changer radicalement de vie, pour s'éloigner du stress et revenir à un rythme[3] plus calme, dans la nature. ☐

③ Karine avait travaillé dans la capitale quand elle a rencontré son futur mari. C'est avec lui qu'elle est venue dans le village où il est né car il déteste le stress et le rythme de la grande ville. Elle s'ennuie[4] un peu. ☐

b *Avant de regarder la vidéo une deuxième fois, cherche le département de la Creuse sur la carte de ton livre (p. 217), puis travaille sur le vocabulaire dont tu auras besoin.*

🇫🇷	explications	🇩🇪
monter à cheval	*le sport:* l'équitation	_____
un cheval de selle	type de cheval sur lequel on monte	_____
un cheval de trait	un cheval lourd qui tire p. ex. des véhicules[5]	_____
le galop	*verbe:* galoper	_____
la voltige	volter, faire de la voltige = faire des acrobaties sur le cheval	_____
brosser un cheval	soigner la peau[6] d'un cheval	_____
s'épanouir	réussir et être heureux	_____
un handicap	*adjectif:* handicapé	_____

---

1 ailleurs [ajœʀ] woanders – **2 un poste** [ɛ̃pɔst] eine Anstellung – **3 un rythme** [ɛ̃ʀitm] ein Rhythmus – **4 s'ennuyer** [sãnɥije] sich langweilen – **5 un véhicule** [ɛ̃veikyl] *hier:* ein Wagen – **6 la peau** [lapo] *hier:* das Fell

27

3 REGARDER UNE VIDEO / GRAMMAIRE

c *Maintenant, regarde la vidéo encore une fois, puis coche la / les bonne(s) réponse(s)
et complète les phrases 7. + 8.*

1. A la «Ferme du cheval rouge», on fait
a) des randonnées[1] à cheval. ☐
b) de la voltige. ☐
c) des courses[2] de chevaux. ☐

4. Karine aime les chevaux de trait parce qu'ils
a) sont actifs et rapides. ☐
b) sont gentils et calmes. ☐
c) sont gros et forts. ☐

2. Karine
a) est née dans le milieu équestre[3]. ☐
b) ne sort pas du milieu équestre. ☐
c) a découvert tard le milieu équestre. ☐

5. Les clients de la ferme, ce sont surtout
a) des adultes. ☐
b) des gens de tout âge. ☐
c) des adolescents. ☐

3. Avant de s'installer en Creuse, Karine a travaillé
a) dans une autre ferme, dans les Pyrénées. ☐
b) à Paris, dans la publicité. ☐
c) avec son mari, dans une banque. ☐

6. Pendant les vacances scolaires, la ferme reçoit
a) des Parisiens. ☐
b) des anciens Creusois. ☐
c) beaucoup d'étrangers. ☐

7. Certains handicapés ne peuvent pas monter à cheval. Alors avec eux, on fait _____

_____. **8.** Karine dit qu'avec le cadre de vie[4] et le rythme de vie qu'elle a maintenant,

elle peut _____ ses enfants, alors pour elle, c'est _____ un rêve.

---

2 **Premières impressions de la campagne ...** → § 6

Jean-Yves, fils d'un paysan qui vit à la ferme de ses parents,
reçoit la visite d'un cousin de Paris, Jérémie.

*Lis leur entretien et ajoute les **pronoms démonstratifs** (+ -ci ou -là)
au dialogue. N'oublie pas le **pronom relatif** (qui / que / où / dont) ou
la **préposition** où il le faut.*

1. Jérémie: – Tu connais toutes les vaches par leur nom? Jean-Yves: – _____ nous appar-

tiennent[5], oui, bien sûr. **2.** Jérémie: – Il sont à vous, tous ces champs? Jean-Yves: – _____

tu vois devant la petite colline[6], oui, mais la terre derrière la colline est _____ du

vieux Mathieu, notre voisin. **3.** Jérémie: – On pourrait s'y promener avec le tracteur[7]? Jean-Yves: – Avec

_____? Ah non, il est en panne[8] en ce moment! **4.** Jérémie: – Zut! ... Oh, j'aimerais

bien avoir un de ces petits chatons[9]! Jean-Yves: – Pourquoi pas? Tu préfères _____ ou

_____? **5.** Jérémie: – _____ les poils tigrés[10]. Jean-Yves:

– Dommage, mais c'est _____ ma sœur est follement amoureuse. **6.** Jérémie: – Bon,

d'accord, on n'y peut rien ... Dis-moi, quand tu sors, dans quel café est-ce que tu retrouves tes copains?

Jean-Yves: – Ben ..., dans _____ tout le monde se retrouve – en face de l'église du village!

---

1 une randonnée [yⁿʀɑ̃dɔne] *hier:* ein Ausflug – **2 une course** [yŋkuʀs] ein Rennen – **3 équestre** [ekɛstʀ] Reiter- – **4 le cadre
de vie** [ləkadʀədəvi] *das Leben, das man führt* – **5 appartenir à qn** [apaʀtəniʀ] jdm. gehören – **6 une colline** [yŋkɔlin]
ein Hügel – **7 un tracteur** [ɛ̃tʀaktœʀ] ein Traktor – **8 en panne** [ɑ̃pan] außer Betrieb – **9 un chaton** [ɛ̃ʃatõ] ein Kätzchen –
10 les poils tigrés *(m.)* [lepwaltigʀe] ein getigertes Fell

GRAMMAIRE 3

3 Qui sait …? → § 7

Le vieux Maxence a une ferme avec beaucoup de vaches. Il produit du lait et de la viande. Mais avec les prix qu'on lui paie, il ne gagne presque plus sa vie. Alors il réfléchit: qu'est-ce que j'aurais pu faire autrement? Voici ses réflexions[1].

Forme des phrases au conditionnel passé à partir des éléments suivants.

1. Je / devoir vendre les vaches / qui / ne plus donner assez de lait …

   – _____

2. Je / ne pas acheter le nouveau tracteur …

   – _____

3. Nous / pouvoir / se spécialiser dans les produits bio …

   – _____

4. Alors, ma femme Louise / faire son fromage / et créer la marque «Louise qui rit» …

   – _____

5. Nous / construire un petit magasin pour vendre nos produits …

   – _____

6. Les clients / venir pour acheter «à la ferme» …

   – _____

7. Peut-être / que / on / même proposer des chambres d'hôtes[2] aux touristes …

   – _____

8. … qui / être ravis / de nous aider à faire notre travail quotidien

   – _____

4 Si Arthur n'avait pas quitté la ferme … → § 8

Arthur, le fils de Maxence, est né dans le petit village de campagne où ses parents ont une ferme. Mais il a quitté la région pour vivre à Paris.

a *Revise d'abord le plus-que-parfait: mets-le dans les phrases suivantes.*

1. Maxence: – Pourquoi est-ce que Marie-Laure n'est pas venue avec toi?

   Maman m'a dit que vous *(se disputer)* _____ … C'est vrai?

2. Arthur: – Non, ce n'est pas ça. Elle *(ne pas terminer)* _____

   son projet de travail et son chef lui *(demander)* _____ de faire

   des heures supplémentaires[3] maintenant pour qu'elle puisse prendre quelques jours de congé[4] plus tard.

   Alors, elle *(être)* _____ d'accord.

---

1 **une réflexion** [ynʀeflɛksjõ] eine Überlegung – 2 **une chambre d'hôtes** [ynʃɑ̃bʀədot] ein Fremdenzimmer – 3 **une heure supplémentaire** [ynœʀsyplemɑ̃tɛʀ] eine Überstunde – 4 **un jour de congé** [ɛ̃ʒuʀdəkõʒe] ein freier Tag

3 GRAMMAIRE

Arthur et son père se posent des questions sur leur situation qui aurait pu être différente …

b Mets les verbes au **conditionnel passé** ou au **plus-que-parfait** pour compléter les phrases.

1. Maxence : – Si tu *(rester)* _____ dans la région, tu *(s'occuper)* _____ _____ de la ferme. Si nous *(pouvoir compter)* _____ _____ sur toi pour la ferme, nous *(ne pas devoir travailler)* _____ _____ jusqu'à l'âge de 70 ans. Si Marie-Laure *(ne pas détester)* _____ _____ la campagne, vous *(peut-être fonder)* _____ _____ une famille ici. Alors, si vous *(avoir)* _____ des enfants, ils *(grandir)* _____ dans la nature, avec des animaux …   2. Arthur : – Oui, oui, papa, mais si Marie-Laure *(ne pas être)* _____ allergique aux pollens[1], elle *(aimer)* _____ la campagne, peut-être … Et si elle *(ne pas choisir)* _____ _____ le métier d'informaticienne[2], elle *(ne pas devoir travailler)* _____ _____ à Paris.   3. Maxence : – Mais non, tu te trompes, fiston[3]. Si elle *(vouloir)* _____, elle *(pouvoir)* _____ inventer ses jeux vidéo ici, avec son ordinateur portable qui est toujours branché sur Internet …

5 Mariage à la campagne? → § 9

Le soir, Arthur a une conversation avec sa mère.
Plus tard, il en parle à Marie-Laure, sa copine,
dans un e-mail.

> **TIPP**
> Beachte die **Zeitenfolge** in der indirekten Rede und achte genau darauf, wer von wem in der **1., 2. oder 3. Person** spricht. Denke an die **Anpassung der Pronomen** sowie an die **Änderung der Zeit- und Ortsangaben**!

*Lis le dialogue entre Arthur et sa mère. Puis, récris ce qu'il raconte plus tard à Marie-Laure (dans ton cahier). Mets les phases au **discours indirect**. Choisis les débuts de phrases dans la liste.*

> Je lui ai dit que / Elle voulait savoir pourquoi / Ma mère m'a demandé si / Je lui ai répondu que / Je lui ai expliqué que / Elle croyait que / (et) elle a ajouté que

1. La mère : – Pourquoi est-ce que Marie-Laure ne t'accompagne pas ? Vous ne vous êtes pas disputés, non ?   2. Arthur : – Mais non, maman, elle a promis à son chef de terminer un projet important jusqu'à demain.   3. La mère : – Et votre voyage en Espagne, ça s'est bien passé entre vous deux ?   4. Arthur : – Mais oui, maman, c'était un voyage très romantique et nous nous sommes très bien entendus.   5. La mère : – C'est bien, mon fils. Tu l'as demandée en mariage alors ? Vous allez vous marier ici, dans notre village, j'espère. Ce sera un vrai mariage de campagne, et tous les gens du village y participeront. On mangera les spécialités de la région … Ce sera pour quand, votre mariage ?   6. Arthur : – C'est vrai, je lui ai proposé le mariage mais Marie-Laure ne voulait pas se marier à la campagne, elle préfère une fête très cool dans une boîte branchée du quartier Bastille, on invitera tous ses collègues[4] …   7. La mère : – Alors là, ton père et moi, on sera déçus[5]. Vous pourrez réfléchir encore à la question, non ? Je suis sûre que notre ferme plaira à ses jeunes collègues …

―――
1 être allergique aux pollens [alɛʁʒikopɔlɛn] eine Pollenallergie haben – **2 une informaticienne** [ynɛ̃fɔʁmatisjɛn] eine Informatikerin – **3 un fiston** *(fam.)* [ɛ̃fistɔ̃] ein Sohn *(ugs.)* – **4 un(e) collègue** [ɛ̃/ynkɔlɛg] ein(e) Kollege(in) – **5 déçu(e)** [desy] enttäuscht

VOCABULAIRE 3

6 Les points forts de la campagne

Transpose ce filet à mots dans ton cahier: note les mots et expressions pour parler des avantages de la campagne.

- la nature et les animaux ...
- la liberté de faire ce qu'on aime ...
- l'environnement ...
- vivre avec les gens du village ...

7 Attention, ça tourne!

a *Dans le vocabulaire du cinéma, on tombe facilement sur des faux amis! Tu vas réaliser qu'il y a des différences et des analogies[1] entre l'allemand / l'anglais et le français! Remplis le tableau suivant.*

🇩🇪 → 🇫🇷	🇫🇷 → 🇩🇪 ou 🇬🇧
der Regisseur: _____	le scénario: _____
die Nah-/Großaufnahme: _____	le plan: _____
die Totale: _____	la plongée: _____
der Blickwinkel: _____	la bande-annonce: _____
das Drehen: _____	la séquence: _____
die Schauspielerin: _____	le bruit: _____
ein Video: _____	le bruitage: _____

b *Attention aux différences dans l'orthographe entre l'allemand et le français. Remplis le tableau, mets les deux formes pour les adjectifs.*

🇩🇪 → 🇫🇷

die Statistik: _____	aktuell: _____
die Grafik: _____	industriell: _____
der Kameramann: _____	audiovisuell: _____

---

1 **une analogie** [ynanalɔʒi] *hier:* eine Übereinstimmung

3 LIRE

8 L'Espace ados

Voici un extrait d'un projet pédagogique qu'on vient de créer dans une petite ville du sud-ouest de la France.

a *Lis le texte, puis coche ce qui est correct dans la phrase 1. et 2.*

L'ESPACE ADOS
… est un foyer que la commune a créé pour y accueillir des jeunes entre 11 et 18 ans qui sont invités à profiter …
5 • **du foyer** ouvert à tous et permet les rencontres, le dialogue, mais aussi le jeu, la musique et la détente[1];
• **des activités** (sorties, ateliers permanents, projets …) proposées pendant l'ensemble
10 de l'année mais plus fréquentes[2] pendant les vacances scolaires.

L'Espace ados voudrait recevoir les jeunes de la population locale. La ville avait jugé très important de réaliser ce projet car de plus en plus de jeunes
15 semblent être «difficiles» et n'ont plus, dans leurs familles, l'éducation qu'il leur faut. Certains ne connaissent plus le respect de l'autre ni les règles de la vie en société, certains volent dans les magasins du centre ville au lieu d'aller à l'école.

20 L'équipe d'animation s'occupe des jeunes dans le foyer et organise les différentes activités. Elle se compose d'un directeur de projet et de deux moniteurs. Pendant les vacances scolaires, les mercredis et samedis après-midis, cette équipe est renforcée
25 par un ou de deux moniteurs supplémentaires.

L'Espace ados se trouve boulevard André Gide et offre trois salles d'activités avec du matériel éducatif et pédagogique, des ordinateurs connectés à Internet, un terrain de foot, etc. En plus, on utilise les
30 différentes infrastructures municipales[3] comme le stade, la salle des fêtes, le skate Park, etc.
Dans le foyer, les adolescents sont libres de leurs allers et venues. Deux moniteurs au minimum sont toujours présents pour répondre aux envies des
35 jeunes et assurer la sécurité.
L'Espace ados est ouvert tous les jours de 11 h à 21 h.

LES OBJECTIFS EDUCATIFS[4]
L'équipe de l'Espace ados veut accompagner et guider les adolescents, leur apprendre à vivre en société, à s'engager, à être responsables de leurs
40 actions. Il s'agit de permettre aux jeunes d'exprimer leurs envies, de donner un sens à leur quotidien et à leurs actions futures, de stimuler leur créativité et leur curiosité et de leur permettre de découvrir d'autres activités et d'autres cultures et de les guider
45 dans la réalisation de leurs propres projets.
Pendant des activités qu'ils choisissent librement, ils acceptent l'autre et ses différences et ils respectent plus facilement les règles. Les moniteurs essaient de les encourager à la discussion et au dialogue et
50 de développer leur autonomie, individuellement et dans un groupe. Après un certain temps, les moniteurs deviennent pour les jeunes des «modèles» qu'ils acceptent et admirent. Le fonctionnement du foyer et des activités est aussi basé sur l'engagement des
55 jeunes. Les plus âgés participent à l'organisation et éventuellement aident à réaliser des projets ou même se sentent responsables d'un groupe de plus jeunes.

1. L'Espace ados, c'est	2. L'Espace ados s'adresse aux jeunes
a) un lieu de rencontre pour les jeunes. ☐	a) de Paris qui y passent leurs vacances. ☐
b) un séjour pédagogique à la campagne. ☐	b) de la ville et de la région. ☐
c) un stage pour les futurs éducateurs sociaux. ☐	c) qui n'ont plus de famille. ☐

---

1 une détente [yndetãt] eine Entspannung – **2 fréquent(e)** [fʀekã,-ãt] häufig – **3 les infrastructures municipales** (f.) [lezɛ̃fʀastʀyktyʀmynisipal] die Einrichtungen der Gemeinde – **4 un objectif éducatif** [ɛ̃nɔbʒɛktifedykatif] ein Erziehungsziel

LIRE / ECRIRE 3

b *Maintenant, relis le texte et coche la/les bonne(s) réponse(s).*

1. L'Espace ados propose a) des activités à l'extérieur de la ville. b) un foyer sans activités organisées. c) des activités guidées et un foyer.	4. Dans le foyer, a) on accueille des jeunes «difficiles». b) on n'accepte pas les jeunes délinquants[1]. c) on accueille tous les jeunes, difficiles ou non.
2. Le projet a été créé et réalisé par a) une équipe de jeunes moniteurs. b) la ville. c) un groupe de jeunes.	5. Certains jeunes a) ne respectent pas les autres. b) ne veulent pas respecter les règles. c) ne respectent que le chef de leur bande.
3. Le foyer est ouvert pendant a) toute l'année, sauf vacances scolaires. b) les vacances scolaires seulement. c) toute l'année.	6. On essaie a) d'engager des discussions et des dialogues. b) de développer l'autonomie des jeunes. c) de coopérer[2] avec l'école.

c *Résume le texte. Tu peux le relire d'abord si nécessaire.*

> Vergiss nicht, dass beim Resümee die Hauptinformationen in eigenen Worten zusammengefasst und wiedergegeben werden! Dabei kannst du natürlich einzelne Schlüsselbegriffe aus dem Originaltext übernehmen, aber keine ganzen Zitate!

_____
_____
_____
_____
_____
_____
_____
_____
_____
_____
_____
_____

9 «Tu aurais dû venir aussi …»

C'est les vacances. Victor vient de passer une semaine au foyer de l'Espace ados où il a participé à plusieurs ateliers et trouvé des amis. Il en parle à son ami Fabien et lui décrit ce qu'il aurait fait s'il était venu au foyer avec lui au lieu de s'ennuyer à la maison. Mais Fabien avait eu peur d'y rencontrer des «jeunes difficiles et violents» qu'il préfère éviter …

Relis le texte de l'exercice 8, puis écris le dialogue entre Victor et Fabien (environ 160 mots dans ton cahier).

---
1 délinquant(e) [delɛ̃kɑ̃,-ɑ̃t] straffällig, kriminell – **2 coopérer** [kɔɔpeʁe] zusammenarbeiten

3 MEDIATION / PARLER

10 Rendre en allemand: «La tête en friche[1]»

a Sur Internet, tu viens de trouver les informations suivantes à propos d'un film qui t'intéresse. Tu veux en parler à un(e) ami(e), alors tu les lui résumes en allemand (sur les lignes).

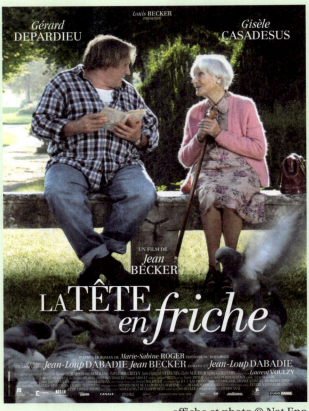

Synopsis
La tête en friche
C'est l'histoire d'une de ces rencontres improbables qui peuvent changer le cours d'une vie : la rencontre, dans un square, entre Germain, la cinquantaine, presque analphabète, et Margueritte, une petite vieille dame passionnée de lecture. Quarante ans et cent kilos les séparent. Un jour, Germain vient s'asseoir par hasard à côté d'elle. Et Margueritte va lui lire à haute voix des extraits de romans et lui faire découvrir la magie des livres, dont Germain se croyait exclu à jamais. Alors, pour son entourage, pour ses copains de bistrot qui, jusque là, le prenaient pour un imbécile, la bêtise va changer de côté! Mais Margueritte perd la vue, et par amour pour cette charmante grand-mère malicieuse et attentive, Germain s'entrainera et lui montrera qu'il sera capable de lire pour elle, à haute voix, lorsqu'elle ne pourra plus le faire.

Réalisateur: Jean Becker   **Genre:** Comédie
Date de sortie: Mercredi, 2 Juin 2010
Acteurs principaux: Gérard Depardieu, Gisèle Casadesus, Maurane, Patrick Bouchitey, Jean-François Stévenin, François-Xavier Demaison, Claire Maurier, Sophie Guillemin
Production: ICE3, KJB Production
Coproducteur: Studiocanal, France 3 cinéma, DD Productions   **Distributeur:** Studiocanal

© ICE 3, KJB Production, Studiocanal, France 3 Cinéma, DD Productions

affiche et photo © Nat Eno

_____
_____
_____
_____
_____
_____
_____

b Travaillez à deux: prenez les rôles de Germain et de Margueritte et imaginez leur dialogue pendant une rencontre. Pensez à ce que Germain pourrait avoir appris de Margueritte et à quoi il pourrait s'intéresser en plus. Et Margueritte? Peut-être qu'elle pourrait aussi apprendre quelque chose de Germain? Si vous ne connaissez pas tout le film «La tête en friche», inventez. Après, changez de rôle.

photo © Nat Eno

1 **en friche** [ɑ̃fʁiʃ] brach, ungenutzt

INTERRO 3

 1 Lire: «16 ans et des poussières[1]»

Peu après sa sortie, le nouveau livre de Mireille Disdero a reçu le prix des ados et a été proposé pour le prix des lycéens. Voici le résumé du livre et un commentaire.

a *Lis les deux textes, puis coche les bonnes phrases* **A** *ou* **B** *et* **C** *ou* **D**.

BEACHTE
- Du findest die Aufgaben 1 + 2 dieser Interro als integrierte Aufgabe, d. h., die einzelnen Kompetenzen werden nicht einzeln, sondern **in einem gemeinsamen Zusammenhang** geprüft. Du solltest diese Aufgaben also nicht an verschiedenen Tagen, sondern „in einem Rutsch" bearbeiten.
- Du kannst in dieser Interro **insgesamt 35 Punkte** erreichen!

8 Pkte.

a-Teil
2 Pkte.

Résumé du livre
Shayna a 16 ans. Elle vient d'obtenir le brevet[2] et se prépare à passer ses vacances dans la cité où elle vit avec sa mère, sur les collines de Marseille. Les journées se déroulent pour l'adolescente qui n'a pas trouvé de petit boulot. Dans son quartier, elle doit supporter les cris éternels, les coups tordus[3] du caïd[4] Rox Man et de sa bande, en plus des problèmes avec sa mère. Heureusement, il y a son petit ami Enzo, sa meilleure copine Djamila (mais qu'elle ne peut voir que secrètement à cause de son mari) et puis Madame Bizmuth, sa prof de français qui l'encourage à demander une bourse[5] pour continuer ses études au lycée – ce qui d'ailleurs n'enchante pas vraiment sa mère. Shayna et Enzo prennent l'habitude de monter sur le toit de l'immeuble, le soir, pour regarder la mer et oublier le reste, leur misère. Ils s'y construisent même une petite cabane. Mais Rox Man est jaloux d'Enzo et de sa relation avec Shayna …
Un roman sur l'adolescence, ses errances[6], ses questions que l'on se pose sur des problèmes et son mal-être. Un récit de vie, le temps d'un été, au cœur d'une cité défavorisée, loin des clichés habituels.

© Editions du Seuil

Commentaire dans un blog parlant de la littérature de jeunesse
«Même si c'est un roman sur l'adolescence, le texte peut toucher un lecteur adulte autant qu'un adolescent. Quand on commence ces peu de pages (75!), on a envie de se plonger vraiment dans ce roman – peu importe qu'on ait dépassé ses seize ans depuis longtemps. C'est une histoire simple, racontée par Shayna, une jeune fille qui vit dans une cité de Marseille. Elle s'adresse directement au lecteur, racontant au présent. C'est un «témoignage émouvant d'une adolescente qui cherche un sens à sa vie», comme l'annonce la quatrième de couverture[7]. La construction de l'identité, la découverte de l'amour, ce n'est pas le plus important ici et non plus propre[8] à l'adolescene. Shayna sait déjà très bien de quoi elle rêve et voit sa relation avec son petit ami assez réaliste: comme un amour solide, lentement construit, un amour qui est pour elle déjà «sa famille». Une famille, voilà ce dont rêve Shayna, ce qu'elle ne trouve pas auprès de sa mère, usée et aigrie[9] par la voie[10] que sa vie a prise. Certains passages sont très durs sur la relation mère-fille, par exemple quand la mère interdit à Shayna de rentrer dans l'appartement car elle veut s'amuser avec un nouvel ami. C'est une adolescente qui ne rêve pas d'avoir le droit de sortir, mais tout simplement d'avoir le droit de rentrer chez elle, d'avoir une place!»

A C'est l'histoire d'une jeune fille qui n'a pas la vie facile, mais qui trouve de l'amour et des gens qui l'aident. ☐

B C'est l'histoire d'une jeune fille qui a beaucoup de problèmes avec sa mère, mais qui, à la fin, trouve une place chez elle, dans sa famille. ☐

C C'est un roman sur l'adolescence et pour les adolescents seulement. ☐

D C'est un roman sur l'adolescence qu'on peut conseiller aux adolescents et aux adultes. ☐

---

1 … et des poussières *(fam.)* [edepusjɛʀ] etwa (16 Jahre alt, *ugs.*) – **2 le brevet (d'études du premier cycle)** [ləbʀəvɛ] *Abschluss nach der 10. Klasse (Sekundarstufe I)* – **3 un coup tordu** [ɛ̃kutɔʀdy] ein linker Trick – **4 un caïd** [ɛ̃kaid] *hier:* ein Bandenchef – **5 une bourse** [ynbuʀs] ein Stipendium – **6 ses errances** *(f.)* [sezɛʀɑ̃s] *hier:* seine Irrungen und Wirrungen – **7 la quatrième de couverture** [lakatʀijɛmdəkuvɛʀtyʀ] der Klappentext – **8 propre** [pʀɔpʀ] eigen – **9 aigri(e)** [ɛgʀi] verbittert – **10 une voie** [ynvwa] *hier:* eine Richtung

35

3 INTERRO

b *Relis les deux textes, puis coche la bonne réponse.*

1. Shayna vit avec sa mère a) et sa chienne, dans une petite cabane. ☐ b) et le copain de sa mère, à Paris. ☐ c) dans la banlieue de Marseille. ☐	**4.** Les personnes qui l'aident et l'aiment, ce sont a) son petit ami et Rox Man avec sa bande. ☐ b) son petit ami, une prof et une amie. ☐ c) une prof, une amie et son père. ☐
2. Elle a) va bientôt passer son brevet. ☐ b) vient de passer son brevet. ☐ c) n'a pas réussi à passer son brevet. ☐	**5.** Shayna cherche a) un sens à sa vie et sa place dans une famille. ☐ b) un sens à sa vie et un vrai petit copain. ☐ c) son identité et une place dans une bande de jeunes. ☐
3. Sa mère a) voudrait qu'elle continue ses études au lycée. ☐ b) l'aide à avoir une bourse pour poursuivre ses études. ☐ c) ne l'aide pas à demander cette bourse. ☐	**6.** A la maison, Shayna n'a pas le droit a) de sortir quand elle veut. ☐ b) de rentrer quand elle veut. ☐ c) d'emmener son copain dans l'appartement. ☐

2 Ecouter: «Vous aimez ce roman?»

Samira, Farid et Marion viennent de lire «16 ans et des poussières»
en classe. Dans leur café préféré, ils discutent.

a *Ecoute leur discussion une fois et coche le bon résumé* **A**, **B** *ou* **C**.

A Les trois jeunes sont du même avis sur le roman mais les avis sont partagés sur la question de savoir si on devrait le lire en classe. ☐	**B** Les jeunes trouvent que ce roman décrit bien la situation et les sentiments des jeunes, mais contrairement aux filles, Farid n'aime pas le style. ☐	**C** Pour Farid, le roman n'est pas authentique, en plus, il n'aime pas le style. Marion, par contre[1], aime beaucoup ce livre. ☐

b *Maintenant, écoute le CD une deuxième fois. Fais bien attention aux détails,*
puis coche la bonne réponse et complète les phrases 3.–5.

1. L'auteure de ce roman		**2.** Le début du roman se passe	
a) a déjà publié plusieurs livres.	☐	a) à la rentrée.	☐
b) n'a jamais publié de livre auparavant.	☐	b) à la fin de l'année scolaire.	☐
c) avait publié des textes sur Internet, mais pas de roman.	☐	c) à la fin des vacances.	☐

3. Farid: – Ces romans sur l'adolescence où _____

sur ce que nous autres jeunes pensons et sentons …   **4.** Marion: – Ce qui m'a beaucoup plu dans ma lecture

du livre, ce mélange entre tous ces problèmes, la misère dans ce milieu social, les _____

_____ pas … On a bien l'impression que tu

_____ rien que pour le fait qu'on le lise en classe …   **5.** Samira: – Je vois que

ma question _____ discuter …

_____

1 par contre [paʀkõtʀə] *hier:* dagegen

36

INTERRO 3

10 Pkte.

 3 Ecrire: Réponse à Delphine

Relis le blog de Delphine à la page 29 de ton livre. Puis, écris-lui une réponse dans laquelle tu expliques si tu es d'accord avec elle et pourquoi ou pourquoi tu ne l'es pas. Ecris environ 200 mots.

10 Pkte.

4 Médiation: Quel kitsch!

Tu as la visite d'un ami français. Dans ton cinéma préféré, vous venez de regarder un film d'amour allemand. A la sortie du cinéma, vous tombez sur deux jeunes filles de ta classe qui parlent du film. Ton ami s'intéresse à ce qu'elles disent (ou à elles??) mais ne les comprend pas.

Fais l'interprète. Transpose les phrases 1.–5. par écrit. (Simuliere schriftlich den Gesprächsverlauf. Denke daran, dass du die Informationen inhaltlich angemessen wiedergibst, dass dein Stil sprachlich korrekt ist und du so formulierst, dass die „Empfänger" etwas damit anfangen können.)

BEACHTE
… den Perspektivenwechsel: versetze dich in die Situation der jeweiligen Gesprächspartner. Passe die „Übergänge" von Person 1 an Person 2 einer natürlichen Gesprächssituation an und gib **nie wörtlich** wieder. Vergiss nicht, dass sich die Pronomen ändern.

Une des filles: Der Regisseur ist einfach super: Ich liebe seine Filme, immer ganz große Emotionen, immer gut aussehende Schauspieler. Ich finde, im Kino muss man lachen und weinen können, am besten beides gleichzeitig. Und dass es ein Happy End gibt, ist doch auch wichtig, damit man erleichtert nach Hause geht. Die Problemfilme, die wir in der Schule sehen, das ist nicht so mein Ding.

1. *Toi:* …

L'autre jeune fille: Da hast du Recht, große Gefühle gab's hier genug – und in Großaufnahme! Das weinende Gesicht der jungen, schönen Heldin, dazu das rosa Licht des Sonnenuntergangs und die romantische Musik … ziemlich kitschig das Ganze. Und bei solchem Kitsch muss ich eher lachen als weinen. Ehrlich gesagt, ein Film, der ein wenig näher an der Realität ist, wäre mir lieber. Aber in einem Punkt stimme ich dir zu: die Schauspieler sahen alle toll aus, vor allem der Hauptdarsteller …

2. *Toi:* …

Ton ami français: Ah, quelle discussion intéressante … Dis-leur qu'en réalité, il y a des mecs beaucoup plus beaux que les acteurs de cinéma et qu'il y a un exemplaire très sympa juste devant elles … Et demande-leur comment elles s'appellent, s'il te plaît.

3. *Toi:* Arrête tes bêtises! …   Äh, also …

Une des filles: Also wir sind Anna und Luisa, aber gebt euch keine Mühe, uns anzubaggern. Sagt uns lieber, was ihr von dem Film haltet. Mich wundert, dass er als Franzose gerne in einen deutschen Film geht. Man sagt nämlich häufig, die Deutschen seien Spezialisten für mehr oder weniger langweilige Problemfilme.

4. *Toi:* …

Ton ami français: Dis-leur que mon nom est Alexandre, Lex pour les intimes – et pour elles! Et que je suis fier qu'elles voient en moi un expert du cinéma allemand, même si je ne le suis pas, malheureusement. Je sais pourtant que certains films allemands sont assez connus en France et qu'ils ne manquent pas d'humour. Et pour ce qui est du film de ce soir, je préfère leur donner une réponse diplomatique: c'était un parfait exercice de compréhension pour moi! … Ecoute …, sans vouloir les draguer, peut-on leur offrir un coca dans le café d'en face?

5. *Toi:* …

Dossier 4 La France et l'Allemagne

1 Aller en Allemagne – une aventure aujourd'hui?

Tout excitée[1], Mélanie Magnier rentre de l'école. Elle court dans la cuisine où sa mère et sa tante Suzanne l'attendent.

a *Ecoute le dialogue, puis coche le bon résumé ①, ② ou ③.*

① Mélanie veut faire ses études en Allemagne. Sa mère est d'accord parce qu'elle aime l'Allemagne mais sa tante est contre parce qu'elle a beaucoup de préjugés. ☐

② Mélanie n'a pas envie de participer à un échange scolaire avec une école allemande. Mais sa mère est pour parce qu'elle aime l'Allemagne. Sa tante a vécu la guerre et comprend Mélanie. ☐

③ Mélanie veut participer à un échange scolaire avec l'Allemagne. Sa mère est pour parce qu'elle aime l'Allemagne mais sa tante a quelques préjugés contre les Allemands. ☐

b *Réécoute le texte, puis coche la bonne réponse.*

	vrai	faux
1. Mélanie a 14 ans.	☐	☐
2. Les parents de tante Suzanne détestaient les Allemands à cause de leurs expériences pendant la guerre.	☐	☐
3. Pendant toute sa vie, le général de Gaulle était contre la réconciliation avec l'Allemagne.	☐	☐
4. Mélanie veut aller à Cologne.	☐	☐
5. Le cousin de Mélanie va vivre en Allemagne avec sa copine française.	☐	☐
6. Pour la France, l'Allemagne est le premier[2] partenaire économique.	☐	☐
7. Beaucoup de jeunes ne s'intéressent pas à l'amitié franco-allemande parce qu'ils ne comprennent pas le miracle de cette réconciliation.	☐	☐

c *Ecoute encore une fois le texte si nécessaire, puis réponds aux questions dans ton cahier.*

1. Pourquoi est-ce que les Français avaient peur des Allemands pendant la Seconde Guerre mondiale?
2. Quelles possiblités les jeunes Français ont-ils pour connaître l'Allemagne et pour améliorer[3] leur allemand?
3. Parle de l'attitude[4] des Français envers les Allemands en prenant comme exemples les parents de tante Suzanne, tante Suzanne, Madame Magnier et Mélanie.

 d *Maintenant, donne ton avis à la question suivante. Ecris au moins 100 mots dans ton cahier.*

Est-ce que tu as envie de participer à un échange scolaire avec la France ou faire un stage / tes études en France? Pourquoi (pas)?

Signature du traité de l'Élysée (1963) par Konrad Adenauer et Charles de Gaulle

---

1 **excité(e)** [ɛksite] aufgeregt – 2 **le premier** [ləpʀəmje] *ici:* le plus important –
3 **améliorer qc** [ameljɔʀe] etw. verbessern – 4 **une attitude** [ynatityd] *hier:* eine Einstellung

GRAMMAIRE 4

2 Un chapitre noir de l'histoire → § 10

Lis le texte, puis améliore son style en remplaçant les parties soulignées par un ou deux pronoms pour éviter les répétitions. Récris le texte dans ton cahier.

En 1940, la Wehrmacht a occupé la France et les soldats sont restés en France jusqu'en 1944. C'était une situation humiliante[1] pour les Français. On peut alors comprendre qu'ils n'étaient pas contents de cette situation et que quelques hommes ont risqué[2] leur vie pour faire cesser[3] cette situation – surtout après l'appel du général de Gaulle en juin 1944 à tous les Français. Dans cet appel, de Gaulle s'était adressé aux Français pour expliquer la situation aux Français. Quand les partisans[4] de la Résistance[5] ont entendu cet appel, ils ont repris courage pour combattre l'ennemi[6]. C'était dangereux et ils avaient besoin de courage pour aider par exemple, les Juifs[7] qui craignaient les camps de concentration[8]. La Gestapo déportait[9] les Juifs dans les camps de concentration et – difficile à croire – un grand nombre de «collaborateurs[10]» aidait la Gestapo à trouver autant de Juifs que possible. Ce souvenir du régime Vichy est une horreur pour les Français d'aujourd'hui. Il y a beaucoup de films qui parlent aux Français d'aujourd'hui de cette horreur, par exemple «Au revoir, les enfants» de Louis Malle. Dans son film, le réalisateur raconte l'histoire d'un garçon juif qui est élève dans un internat catholique. Ses parents ont caché le garçon dans cet internat pour sauver leur fils. Mais un garçon de cuisine trahit[11] le garçon et il est déporté à Auschwitz. Il va mourir à Auschwitz à l'âge de 15 ans …

3 On prépare un projet sur l'histoire franco-allemande. → § 10

Les élèves de seconde préparent un projet sur l'histoire allemande. Il y a encore beaucoup de questions.

Lis les questions des jeunes et réponds-y en remplaçant les parties soulignées par des pronoms. Utilise les éléments donnés pour formuler les explications de Lucas à la fin du dialogue.

Joaquin: – Dans notre projet, il y aura un film sur les camps de concentration? Lucas: – Oui, je pense _____

_____ un. Marie: – Vous allez nous montrer ce film avant de montrer ce film

aux profs? Lucas: – Ah non, nous _____ … Ne me regarde

pas comme ça, je plaisante[12]! Cécile: – Ah bon … Ce sera intéressant. Où est-ce que vous allez tourner ce film?

A Buchenwald? Lucas: – Je ne sais pas encore si nous _____ .

Sébastien: – Vous avez invité des témoins de l'époque qui ont vécu ces horreurs? Lucas: – Oui, nous _____

_____ un. Marie: – On pourra poser des questions à ce témoin sur la vie qu'il a menée

avant cette époque horrible? Lucas: – Bien sûr, vous _____ .

Il (se/nous/présenter) _____ . Il a beaucoup de souvenirs et de

sentiments. Il (parler/nous/de ces souvenirs et sentiments) _____ .

---

1 humiliant(e) [ymiljɑ̃,-ɑ̃t] demütigend – **2 risquer** [ʀiske] auf Spiel setzen – **3 cesser** [sese] beendigen – **4 un partisan** [ɛ̃paʀtisɑ̃] ein Widerstandskämpfer – **5 la Résistance** [laʀezistɑ̃s] *Widerstandsbewegung im II. Weltkrieg gegen die Wehrmacht* – **6 combattre un ennemi** [kɔ̃batʀɛ̃nnemi] einen Feind bekämpfen – **7 un Juif, une Juive** [ɛ̃ʒwif, ynʒwiv] ein Jude, eine Jüdin – **8 un camp de concentration** [ɛ̃kɑ̃dəkɔ̃sɑ̃tʀasjɔ̃] ein Konzentrationslager – **9 déporter qn** [depɔʀte] jdn. deportieren – **10 un collaborateur** [ɛ̃kɔlabɔʀatœʀ] *jd., der mit dem Feind zusammenarbeitet* – **11 trahir qn** [tʀaiʀ] jdn. verraten – **12 plaisanter** [plɛzɑ̃te] Spaß machen

4 GRAMMAIRE

4 A table, en famille → § 11

Imagine que la conversation se déroule¹ dans une famille française.
Tout le monde est là car Marie a invité son nouveau copain Max
à prendre le repas dans sa grande famille. Qu'est-ce qu'ils disent?

Transpose le dialogue en français dans ton cahier.
*Mets les **pronoms** dans les **impératifs** à la bonne place.*

Opa: – Ist das dein neuer Freund, Marie? Stell ihn mir doch bitte vor.
Max: – Ja, Marie, stell mich ihnen (= deinen Eltern) bitte vor.
   Meine Güte, du hast aber eine Menge Geschwister!
Marie: – Tja, das ist allerdings nicht immer lustig … o. k., also das ist Max.
   Ihr könnt euch ihm später vorstellen. Setz dich da hin, ich werde dich gleich bedienen².
Mutter: – Max, ich habe Salat gemacht, den wirst du bestimmt mögen. Marie, gib ihm davon.
Max: – Vielen Dank … Stopp, Marie, gib mir nicht zu viel davon, deine Geschwister möchten auch noch etwas.
Loulou: – Genau! Gib ihm nicht alles. Ich will auch etwas.
Marie: – Was soll das, Loulou, mach dich nicht über mich lustig!
Vater: – Alexandre, dort ist das Salz, gib es mir bitte.
Mutter: – Nein, gib es ihm nicht. Er sollte nicht zu viel davon nehmen, das ist nicht gut für seine Gesundheit!
   Kümmere dich lieber um Loulou und Marie, sie mögen die Nudeln sehr. Gib ihnen davon.
Laurine: – Und ich? Ich mag sie auch, diese Nudeln mit Pesto³! Gib mir bitte davon! …
   Äh, Max, hast du auch Geschwister?
Max: – Nein, ich habe keine. Ich habe immer gedacht, dass das schade sei …

5 Le lendemain de ses cinquante ans → §§ 6, 10, 12

M. Chapuis a fêté ses cinquante ans en famille avec une trentaine d'invités dont la plupart
ont passé la nuit à la maison. En rangeant la maison et le jardin après le départ de ceux-ci,
les Chapuis trouvent des objets oubliés. Ils se demandent à qui ils sont.

Regarde les dessins et lis l'exemple. Puis, écris un dialogue entre M. et Mme Chapuis dans ton
*cahier en utilisant les **pronoms démonstratifs** et les **pronoms possessifs**. Dans les encadrés,*
tu trouves les invités et des raisons qu'ils indiquent mais tu peux en inventer d'autres.

Exemple:
1. *M. Chapuis:* Regarde ce pull. C'est **celui** de Jean-Louis?
Mme Chapuis: Non, ce n'est pas **le sien**. Il n'aime pas le rouge.

ne pas être malade ■ trop grand(e) / petit(e) ■ avoir une autre couleur ■
faire des photos avec son portable ■ ne pas fumer

- Jean-Louis
- les Bajot
- oncle Cédric
- Christine et Florence
- Mme Monet
- Franck et Sabine
- les Boulay
- nous
- toi

---

1 **se dérouler** [sədeʀule] sich abspielen – 2 **servir qn** [sɛʀviʀ] jdn. bedienen – 3 **au pesto** [opɛsto] mit Pesto *(italienische Soße zu Nudeln)*

VOCABULAIRE / ECRIRE **4**

6 Problèmes de couple – et de français!

Carmen apprend le français. Pour s'entraîner à l'écrit, la jeune femme participe à des discussions sur Internet.

Lis ce qu'elle a écrit sur sa relation avec son copain et corrige les fautes de vocabulaire. Tu peux aussi rendre le texte plus élégant en employant le vocabulaire convenable que tu as appris dans le dossier 4.

Quand j'ai appris à connaître Gilbert, j'avais l'impression que nous avions beaucoup de choses ensemble, p.ex. le jour où nous sommes venus au monde et la firme où nous travaillons. Nous nous sommes venues plus proches très vite, surtout après cette fête du film. Deux semaines après, il m'a montré son appartement qui se cherche près du cinéma et qui est trop grand – 120 mètres en carreau – mais la vue[1] de la fenêtre n'est pas normal. Il m'a demandé de couper l'appartement avec lui et j'en étais contente. Malheureusement, ça n'a pas marché. Au petit déjeuner, il mettait pour une seconde son pain avec du beurre dans un truc comme une grande tasse, en plus, il aimait trop le salami! Mais pire encore, il ne me disait pas le vrai: quand il y a eu cette demande d'envoyer sa lettre de candidature, il a répondu à ma place. Pourtant, il savait que c'était le travail dont je rêvais. Il ne l'a pas eu, moi également non d'ailleurs. Après une terrible dispute, il y a eu une réunification. Nous avons discuté et il a dit qu'il savait bien que j'ai des bonnes côtés même si j'aimais trop les choses très chères. Il m'a surpris avec ça. Mais nous avons quand même décidé de rester ensemble, c'est infini.
Ne personne est parfait.

7 Un exposé sur les relations franco-allemandes

a *Avant d'écrire un exposé sur un certain sujet, il faut organiser ses idées et le vocabulaire. Complète le filet à mots sur les relations franco-allemandes à partir de l'époque des guerres mondiales. Transpose ce filet à mots dans ton cahier.*

1. les guerres
– les dates
– la violence
…

2. les clichés et les préjugés
– du côté français
– du côté allemand
…

les relations franco-allemandes

3. la réconciliation
– les organisations
– leurs activités
– les acteurs français
…

4. la communauté européenne
– le traité
– les membres
– les objectifs
…

 b *Maintenant, sers-toi du vocabulaire de la partie **a** pour dire pourquoi on appelle la réconciliation franco-allemande le miracle de l'après-guerre. Ecris 150 – 200 mots dans ton cahier.*

---

[1] une vue [ynvy] eine Aussicht

4 LIRE / ECRIRE

8 Les «bâtards de Boches»

a Lis l'article paru dans le journal «Libération» et qui parle du premier livre des 200 000 enfants nés en France de soldats allemands sous l'Occupation.

TIPP
Du findest den Text des a-Teils in einer **einfacheren Variante** auf der CD (→ PDF)

Megrit, petit village breton, début des années 50. Tous les dimanches, à la sortie de la messe, le secrétaire de mairie réunit la population. Ce jour-là, il appelle auprès de lui un garçonnet de 10 ans et s'adresse aux habitants: «Est-ce que vous connaissez, vous autres, la différence entre un Boche et une hirondelle?» Personne ne répond. «Je vais vous le dire. Une hirondelle, quand elle a fait ses petits en France, elle les emmène avec elle quand elle s'en va, alors que le Boche, lui, les laisse sur place.» Daniel Rouxel raconte que ce dimanche il a beaucoup pleuré et pense mettre fin à ses jours. «J'étais l'attraction. Alors ma grand-mère m'interdisait de sortir, elle m'enfermait dans le poulailler, toute la nuit avec un cadenas. Là-dedans, dans le noir, j'éprouvais une peur terrible.»

Des «têtes de Boche» [...] ou des «bâtards de Boches», il y en a eu 200 000, nés de liaisons amoureuses entre des jeunes Françaises et des soldats allemands durant l'Occupation. [...] Tous ont vécu de longues années dans la honte et la culpabilité, martyrisés parfois par leur propre famille qui leur faisait expier la «faute» d'une fille. Certains ont été placés dans des familles d'accueil lorsque leurs mères purgeaient des peines de prison pour indignité nationale. Mise en pension chez les bonnes sœurs par un grand-père à qui elle faisait horreur, Jeanine en est sortie à 10 ans. Elle pesait 18 kg et personne ne lui avait appris à lire.

Les châtiments infligés aux mères n'ont pas épargné les enfants. Dans l'après-guerre, il ne faisait déjà pas bon être né de père «inconnu». Avoir les cheveux blonds et les yeux bleus fut pour ces enfants le tatouage indélébile d'une infamie, celle de la «collaboration horizontale»[1]. Des mères se sont mariées, parfois mal, pour donner un père à leurs «bâtards». Ils n'ont découvert que très tard leur véritable origine. [...]

«Je n'ai jamais cessé d'attendre mon père, car j'ai toujours su que le récit de sa mort pendant un bombardement était un mensonge», raconte Henriette, dont la mère, dénoncée par son propre frère pour avoir aidé son amant allemand à se cacher, a été condamnée à huit ans de prison. «Souvent, à la sortie de l'école, je regardais à droite et à gauche, dans l'espoir de l'apercevoir. Quand j'entendais des touristes parler une langue étrangère, je m'approchais d'eux et je leur disais. „Deutsch? Mein Vater ist deutsch" [mon père est allemand].» Il y a quelques belles histoires de retrouvailles, avec les demi-frères et sœurs d'outre-Rhin. Il y a aussi les désillusions: des pères octogénaires n'ont pas aimé se voir rappeler un épisode d'une guerre qu'ils ont passé leur vie d'adulte à oublier. Certains ont eu peur que ces revenants ne viennent réclamer une part d'héritage. [...] Les pères des «fils de Boches» n'ont pas violé. Ils ont été aimés, reçus à la table des parents de leurs fiancées. Leurs enfants, neveux, petits-enfants, arrière-petits-enfants forment aujourd'hui en France une communauté qui commence à sortir du néant. [...]

Blandine Grosjean, 29-4-2004 © Libération

1. Résume ce que le texte t'apprend sur les «têtes de Boche».
2. Explique les réactions des familles allemandes et françaises à la «faute» de la mère.

b Une mère raconte dans une lettre son destin à un journaliste. Relis le texte de la partie **a** et imagine son témoignage. Ecris-le dans ton cahier (environ 180–200 mots).

---
1 «collaboration horizontale»: „Zusammenarbeit" mit dem Feind, indem eine sexuelle Beziehung eingegangen wird.

SAVOIR FAIRE 4

9 Les jeunes et l'actualité

La classe de ton correspondant français a fait un sondage pour savoir si les jeunes s'intéressent à l'actualité. Voici les résultats.

TIPP Die Ausdrücke zur Auswertung einer Umfrage findest du im SB auf Seite 47.

Regarde le tableau, puis explique en phrases si les chiffres correspondent à tes expériences personnelles (environ 180–200 mots dans ton cahier).

1. Presse écrite			3. Poste de télévision dans leur propre[1] chambre		
trois fois par semaine	12–15 ans	46 %	garçons		63 %
trois fois par semaine	16–18 ans	52 %	filles		29 %
tous les jours	16–18 ans	30 %			
2. Télévision			4. Centres d'intérêt[2]		
trois fois par semaine	12–18 ans	60 %	problèmes sociaux	12–15 ans	36 %
tous les jours	12–15 ans	40 %	problèmes sociaux	16–18 ans	40 %
tous les jours	16–18 ans	25 %	politique	12–18 ans	10 %

10 Comment avoir un certificat bilingue

Sur le site de l'université de Sarrebruck, ton/ta camarade français(e) a trouvé cette publicité pour des études bilingues. Prends son rôle et écris une lettre de motivation.

TIPP Lies dir nochmals die „Gebrauchsanweisung" für ein Bewerbungsschreiben auf S. 44 im SB durch und versuche, davon so viele Ausdrücke wie möglich anzuwenden.

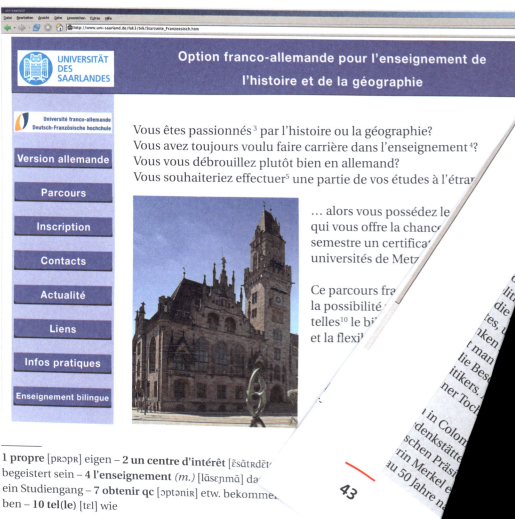

---

1 **propre** [pRɔpR] eigen – 2 **un centre d'intérêt** [ɛ̃sɑ̃tRdɛ̃tɛ...] ... begeistert sein – 4 **l'enseignement** (m.) [lɑ̃sɛɲmɑ̃] da... ein Studiengang – 7 **obtenir qc** [ɔptəniR] etw. bekomme... ben – 10 **tel(le)** [tɛl] wie

4 MEDIATION

11 De Gaulle und Adenauer – eine besondere Beziehung

Den folgenden Artikel über die neue Gedenkstätte zum Andenken an Charles de Gaulle hast du in eurer Lokalzeitung gefunden. Er eignet sich gut, um deiner Freundin / deinem Freund, die / der gerade aus Quebec zu Besuch ist, Hintergrundinformationen zu liefern.

Lies den Text zunächst durch und unterstreiche die wichtigen Informationen. Fasse ihn dann auf Französisch zusammen. Für diese Aufgabe kannst du ein zweisprachiges Wörterbuch benutzen. Du kannst die Informationen entweder schriftlich geben oder sie deiner Freundin / deinem Freund mündlich vortragen.

BEACHTE
Übersetze **nicht wörtlich**, sondern gib nur die wichtigsten Informationen wieder.

Gedenkstätte, Colombey-les-deux-Eglises

Kranzniederlegung am Grab von Charles de Gaulle in Colombey-les-deux-Eglises am 11.10.2008.

… erwarb der Chef der „Forces de la … das Anwesen „Domaine de la Boisserie" … Ort Colombey-les-deux-Eglises im … aute-Marne als Rückzugsort für sich … e. Besonders seine Tochter Anne, die … litt, wollte de Gaulle vor Medien- … schen Wirren schützen und er … ändliche Abgeschiedenheit des … m bei langen Spaziergängen … zu können. Im hinteren Teil … die Sitzbank der Familie, … heidenheit des streng … Auf dem kleinen Friedhof … ter Anne, die früh verstarb, … bey-les-deux-Eglises eine … die am 11. Oktober 2008 … denten Sarkozy und der … ngeweiht wurde. Das … ch der historischen

Begegnung zwischen General de Gaulle und Bundeskanzler Konrad Adenauer in „La Boisserie" statt. Übrigens war Adenauer der einzige Staatsmann, den de Gaulle in seinem privaten Domizil empfing und übernachten ließ, was zeigt, welch besondere Beziehung die beiden Männer verband. Eine Sonderausstellung erinnert an Adenauers Ankunft in einer Mercedes-Limousine, welche die Besucher in einem kurzen Film von 1958 miterleben können. In der Gedenkstätte wird Geschichte mit allen Sinnen präsentiert: zum Sehen, zum Hören, zum Anfassen und Fühlen. De Gaulles Kindheit und Jugend, seine Zeit als Soldat im Ersten Weltkrieg, seine Zeit im Untergrund und im Exil, während des Zweiten Weltkriegs, als der Chef der Widerstandsbewegung die Franzosen aufrief, sich der deutschen Besatzungsmacht zu widersetzen sowie seine Zeit als Staatspräsident, wobei der Algerienkonflikt, lange ein Tabuthema, ausführlich behandelt wird. Ein Besuch, der unter die Haut geht.

MEDIATION / ECRIRE 4

12 Communiquer et écrire: Le français, on n'en a plus besoin?

Pendant un échange scolaire en France, tu fais la connaissance de Nasreen, une jeune Anglaise, qui fait ses études de français pour être prof de français en Angleterre. Ta copine, nulle en langues étrangères, veut l'interviewer mais Nasreen veut absolument communiquer en français. Alors tu fais l'interprète.

Transpose les phrases 1.–6. dans ton cahier.

Ta copine: Frag sie mal, ob sie nicht findet, dass Jugendliche nur Englisch lernen sollten, um in der Zukunft in Europa klarzukommen.

1. *Toi:* …

Nasreen: Non, au contraire, je pense que les jeunes ont besoin de parler au moins deux ou trois langues étrangères pour vraiment se faire comprendre. Il ne suffit pas de baragouiner[1] l'anglais.

2. *Toi:* …

Ta copine: Ich finde, Englisch ist ziemlich simpel. Kaum Grammatik und die Wörter sind fast wie im Deutschen.

Nasreen: Simpel … ah, tu veux dire que l'anglais est simple? Alors là, tu te trompes. La plupart des mots viennent du latin ou du français, si tu veux, donc il est très différent de l'allemand. En plus, les temps des verbes sont compliqués – en parlant, les étrangers font tellement de fautes qu'on a du mal à les comprendre. Si seulement les jeunes lisaient plus souvent un livre – c'est en lisant qu'on apprend du vocabulaire et de la grammaire!

3. *Toi:* …

Ta copine: Ja, ja, Jugendliche sind faul und dumm! … Außerdem hasse ich Lesen. Höchstens mal einen Comic.

Toi: Das musst du ihr nicht gerade auf die Nase binden! … Euh …, vous savez, elle ne lit que des BD …

Nasreen: Cela ne m'étonne pas. En Angleterre, je connais même des étudiants de français qui refusent de lire les grands classiques en version originale – une traduction leur suffit ou bien, ils lisent un résumé sur Internet. La littérature, ils s'en moquent – même de la leur. A mon avis, ils devraient être fiers de Shakespeare …

4. *Toi:* …

Ta copine: Na und? Mache ich auch so. Ich habe keine Zeit für langweilige Bücher. Ich bin jung und will mich amüsieren, Freunde treffen, shoppen, Disco und so …

5. *Toi:* …

Nasreen: Mais tu veux gagner beaucoup d'argent plus tard, non? Tu ne fais rien à l'école car tu penses que tu auras encore le temps … Sache que les entreprises ne sont pas contentes car elles ont du mal à trouver des jeunes motivés dont les lettres de candidature sont intéressantes. Alors, si tu veux réussir ta vie professionnel, il faut commencer dès[2] maintenant!

6. *Toi:* …

13 L'anglais ne suffit-il pas?

Relis le dialogue de l'exercice 12 (ou les solutions du dialogue). Tu es d'accord avec ce que disent Nasreen et ta copine? Prends position sur ce qu'elles disent en français. Ecris entre 100 et 120 mots dans ton cahier.

---

1 baragouiner [baʁagwine] radebrechen – **2 dès** [dɛ] = à partir de

45

4 INTERRO

1 Ecouter: La caméra nazie

Dans le contexte d'un projet sur l'histoire de la Seconde Guerre mondiale, un élève de seconde, Pascal, interviewe un historien, Jean-Claude Picard.

a *Ecoute le texte une première fois, puis coche la bonne phrase ①, ② ou ③.*

① La caméra nazie se réfère[1] au film qu'on a tourné après la guerre pour «informer» sur la vie dans les camps de concentration, notamment[2] Auschwitz. ☐

② La caméra nazie se réfère au film que les nazis ont fait tourner par une équipe juive[3] pour «informer» sur la vie dans les camps de concentration. ☐

③ La caméra nazie se réfère au film que les Juifs ont tourné pour protester contre les conditions catastrophiques dans les camps de concentration. ☐

b *Réécoute le texte (deux fois si nécessaire) et prends des notes sur les aspects suivants du travail cinématographique dont il est question dans le dialogue.*

1. les objectifs: _____
   _____
   _____

2. les acteurs: _____
   _____

3. l'action: _____
   _____

4. la réaction du public: _____
   _____

c *Complète le titre du film. Tu peux réécouter le texte si nécessaire.*

«Le ‹Führer› fait don[4] d'_____ aux _____.»

---

1 **se référer à qc** [səʀefeʀe] sich auf etw. beziehen – 2 **notamment** [nɔtamã] insbesondere – 3 **juif, juive** [ʒɥif, -iv] jüdisch –
4 **faire don de qc à qn** [fɛʀdõ] jdm. etw. schenken

46

INTERRO 4

2 Lire: «Nous allions vers les beaux jours»

Dans son roman «Nous allions vers les beaux jours», Patrick Cauvin raconte l'histoire de deux jeunes Juifs – Victoria et Paul – qui font connaissance dans un camp de concentration.

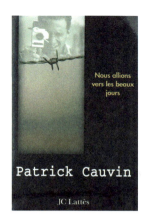

a *Lis le monologue intérieur de Paul et ses réponses au nazi. Puis réponds aux questions 1. à 3. dans ton cahier.*

1. Quelle est la relation entre les trois personnages?
2. Comme dans l'exercice 1, il est question d'un film. Quels sont les points communs, quelles sont les différences?
3. Décris les sentiments de Paul et de Vic dans cette scène.

[...] «Asseyez-vous.»
La phrase la plus étonnante que j'aie entendue de toute ma vie.
Moi, elle, déportés Juifs, un nazi nous demande de nous asseoir. Quelque chose se passe, je ne comprends pas…
Le fer de la chaise est glacial, la toile trop mince ne me protège pas… Il y a un poêle pourtant mais il brûle à peine.
L'homme est grand, solide; le visage est dissymétrique. Une trentaine d'années et une remarquable absence d'expression. Comment peut-on arriver à ne rien exprimer à ce point?
Il s'est assis derrière une table et a ouvert un dossier. Derrière lui, il y a des tiroirs métalliques qui montent jusqu'au plafond bas.
[…] «Je m'appelle Vogel, Hans Vogel, et je suis producteur délégué à l'U.F.A. Filmkunst-GMBH.»
Le cinéma. Une des sections de la propagande nazie.
Que veut ce type?
Il a refermé la chemise du dossier et pose dessus sa main, doigts écartés.
«On m'a demandé de faire un film dont voici le scénario.»
Il y a du mépris dans sa voix, il n'aime pas cela; je n'en comprends pas encore la raison. Vogel a sorti une cigarette de la poche de son manteau. Il relève son col et reste un long moment, les yeux dans le vague, faisant tourner le petit cylindre de tabac entre ses doigts.
«Vous serez les personnages principaux.»
Folie. Le monde est fou. Le regard nous fixe; devant lui, les hommes deviennent des choses. […]
«Je n'aurai guère le temps de m'occuper de vous. Je dispose de peu de matériel et de personnel, c'est la raison pour laquelle il me faut des acteurs véritables; nous serons aussi pressés par le temps que par le manque de pellicule.»

Je vois Vic trembler sur sa chaise, ses lèvres bougent…
Ne parle pas.
Pourquoi nous? Pourquoi des Juifs? Alors qu'ils ont interdit tous les acteurs sémites[1]…
«Je dispose de trois semaines environ, j'aurai donc besoin de toute votre coopération; il s'agit d'un film sur les camps et nous avons besoin d'authentiques déportés.»
Voilà l'explication.
Comment peut-on avoir des yeux aussi morts? Il n'y a donc pas eu de joies dans sa vie? Pas de jeux, pas d'enfance qui demeure un peu quelque part?
«Le film sera réalisé par un déporté, un Juif: un film sur les Juifs fait par un Juif. Son nom est Max Horn. Il est bien évident que cela représente un avantage pour vous. Vous voyez lequel.»
Trois semaines de vie; trois semaines où je suis sûr qu'ils ne nous tueront pas…
«Et après?»
Vogel s'est tourné vers Vic.
«Après la fin du film?»
Elle a incliné la tête.
«Vous retrouverez votre place au camp. Vous partirez demain à l'aube pour Margenstadt.»
Il lisse ses cheveux jaunes, plaqués sur le crâne; sur les tempes luisantes se reflète la fenêtre minuscule et incurvée. Nous allons dépendre de l'homme aux yeux froids.
Nous oublierons tout, peut-être y arriverons-nous.
Vogel a remué les lèvres.
«Sortez.»
Nous nous sommes levés; l'air sec résonnait du martèlement des sabots. A la porte, nos mains se sont effleurées et la joie a déferlé en moi, comme jamais. J'ai senti la même force en elle et j'ai compris que nous étions devenus immortels. […]

Nous allions vers les beaux jours de Patrick Cauvin © Editions Jean-Claude Lattès.

 b *Relis d'abord la partie **a**, puis imagine une suite d'environ 200 mots.*

---

1 sémite = juif

Dossier 5 «Do you speak French?»

1 Conversation[1] à l'aéroport

Christelle et Marion, deux jeunes Françaises, partent pour un voyage au Québec. Elles veulent y passer un séjour touristique chez la cousine de Christelle qui vit à Montréal. A l'aéroport, elles viennent de faire la connaissance de Philippe, de Paris, qui prend le même avion, avec ses parents.

a Ecoute une fois la conversation entre Christelle, Marion, Philippe et son père. Quel est/Quels sont le(s) sujet(s) de la conversation? Coche la/les bonne(s) réponse(s).

① Le métier du père de Philippe.	② Les buts[2] politiques de l'OIF.	③ La situation de Philippe dans des pays et écoles différents.	④ Les conférences de la francophonie.
⑤ Le métier de sa mère.	⑥ Les langues que Philippe a apprises.	⑦ L'opinion de Marion sur la francophonie.	⑧ Le métier que Philippe veut faire plus tard.

b Ecoute la conversation une deuxième fois, puis coche les bonnes phrases et réponds brièvement à la question 7. dans ton cahier.

1. Philippe et sa mère accompagnent	4. Les dernières conférences que l'OIF organise ont déjà eu lieu
a) le père chez une vieille tante, au Canada. b) le père à l'aéroport. c) le père pour un voyage au Québec.	a) à Paris, au Québec, à Lomé. b) à Bucarest, à Paris, à Montreux. c) à Bucarest, au Québec, à Lomé.
2. Le père de Philippe	5. La famille de Philippe
a) travaille pour l'OIF. b) a travaillé pour l'OIF avant de trouver un autre poste[3]. c) est membre de l'OIF.	a) a dû souvent déménager, mais ne bouge plus maintenant. b) devra désormais[8] souvent déménager, à cause du nouveau poste du père. c) a toujours vécu en Afrique et ne retournera probablement[9] plus en France.
3. L'OIF veut	6. Philippe
a) aide à conserver[4] les langues africaines. b) s'occuper de l'éducation[5] dans certains pays francophones. c) renforcer[6] les liens[7] entre les pays francophones.	a) comprend certaines langues africaines. b) ne comprend pas les langues africaines. c) aime beaucoup certaines langues africaines.

7. A ton avis, le métier de son père, est-ce un avantage pour Philippe, ou non?

---

1 une conversation [ỹkõvɛʀsasjõ] eine Unterhaltung – **2 un but** [ɛ̃by(t)] ein Ziel – **3 un poste** [ɛ̃pɔst] ein Posten / eine Anstellung – **4 conserver qc** [kõsɛʀve] etw. bewahren – **5 l'éducation** (f.) [ledykasjõ] hier: das Erziehungswesen – **6 renforcer** [ʀɑ̃fɔʀse] stärken – **7 un lien** [ɛljɛ̃] eine Verbindung – **8 désormais** [dezɔʀmɛ] von nun an – **9 probablement** [pʀɔbabləmɑ̃] wahrscheinlich

GRAMMAIRE 5

2 **Une nouvelle – et des questions …** → § 13

Dans la cour du lycée, Fabien annonce une nouvelle à ses copains: après le bac, il va partir pour l'Afrique. Les autres veulent tout savoir …

a *Lis ce que les copains de Fabien disent, puis complète les bulles avec un **pronom interrogatif**. Mets une préposition là, où il le faut.*

1. _____ ? Tu pars en Afrique?
2. Alors là, on ne sait plus _____ dire …
3. Ah bon, un projet pour aider les Africains … et tu penses _____ exactement?
4. Et c'est _____ , ce projet «Human Aid»?
5. C'est parce que tu ne sais pas _____ faire, comme études?
6. Mais voyons, les potes, _____ on se mêle¹? C'est son problème, non?

Les copains de Fabien s'intéressent à son projet et veulent en savoir plus. Alors, ils n'arrêtent pas de lui poser de nombreuses questions.

b *Ecris les questions des copains. Les mots **en bleu** dans les phrases de Fabien vont t'aider à trouver le **pronom interrogatif** correct. Mets une préposition s'il le faut.*

Fabien   **les copains**

1. – Je pense à un pays de l'Afrique de l'ouest …   – _____ ?

2. – Je ne vais pas travailler dans la capitale, mais dans une grande ville au bord du désert …   – _____ ?

3. – Figurez-vous², dans ce pays, on parle quatre langues différentes …   – _____ ?

4. – «Human Aid» propose plusieurs projets et j'ai choisi celui qui m'intéressait le plus …   – _____ ?

5. – On travaille ensemble avec d'autres associations françaises …   – _____ ?

6. – Pour poser sa candidature, les langues étrangères étaient indispensables³ …   – _____ ?

7. – Et dans ma lettre de candidature, je leur ai parlé de certains des projets que nous avons faits à l'école. – _____ ?

8. – Mais dans l'entretien, ils s'intéressaient à d'autres questions …   – _____ ?

9. – Et vous ne me croirez pas: là, j'ai rencontré une fille de notre lycée que vous connaissez aussi … – _____ ?

---

1 se mêler [səmɛle] sich einmischen – **2 se figurer** [səfiɡyʀe] s'imaginer – **3 indispensable** [ɛ̃dispɑ̃sabl] unbedingt erforderlich

5 GRAMMAIRE

3 Mapouto → § 14

Il y a longtemps, un voyageur français a recueilli[1], dans plusieurs pays d'Afrique, des contes traditionnels[2] qu'il a traduits en langue française dont en voici un.

*Lis le texte. Souligne les formes du **passé simple** (19) et transforme-les aux formes correspondantes du **passé composé**. Ecris-les dans ton cahier.*

Mapouto était le fils d'un chef de tribu nomade[3] qui traversait la savane et le Sahara avec ses troupeaux de chameaux[4] et de chèvres[5]. Mapouto, qui était un garçon encore jeune mais avec beaucoup de courage, se trouvait souvent seul dans les énormes dunes[6] du désert[7] avec un petit groupe de chèvres dont il devait s'occuper. Un jour, une de ses chèvres s'éloigna du troupeau et disparut peu de temps après. Mapouto l'appela et à la chercher, mais comme il ne voulait pas quitter le reste du troupeau, il se dit que la petite chèvre reviendrait peut-être toute seule. Mais il attendait, attendait, et finalement, il s'imagina la colère de son père s'il rentrait sans le troupeau en entier, il eut peur et il décida de suivre l'animal dans la direction où il était parti. Au moment où les autres s'aperçurent qu'il allait les laisser seuls, ils se mirent[8] à crier terriblement, mais Mapouto commença à courir vers les petites montagnes devant lui. Tout à coup, quand il se trouva entre deux dunes, il fit nuit brutalement, une lumière faible apparut à l'horizon, et Mapouto crut entendre des voix bizarres qu'il n'avait jamais entendues. Et puis, il découvrit, pas loin devant lui, plusieurs petits lutins de sable. Il s'approcha et quand ils virent le jeune garçon, ils commencèrent à bouger, ils dansèrent en rond[9], autour d'un animal qui était – sa petite chèvre!

4 Mon pays – vos idées … → § 15

Ce matin, il y a une nouvelle élève, Elodia, dans la seconde B.
Elle vient d'une petite ville dans un pays africain francophone.

*Mets-toi à la place d'Elodia et réponds aux questions que ses nouveaux camarades de classe lui posent. Utilise **ne … ni … ni/Ni … ni … ne/… ne … que** pour chaque réponse.*

TIPP
Denk an den Unterschied zwischen *Ne … ni … ni* und *Ni … ni … ne*. Überlege also, ob es sich um das **Subjekt** oder ein **Objekt** handelt. Denk auch daran, dass „*pas*" wegfällt.

Camarades de classe

1. – Est-ce que vous avez appris l'espagnol ou l'allemand, à l'école?

2. – Et dans ta famille, est-ce que vous parlez le français?

3. – Là où tu habitais, est-ce qu'il y avait des animaux sauvages[10], des lions[11] et des éléphants?

4. – Est-ce que la guerre civile[12] et la pauvreté[13] causent[14] beaucoup de problèmes dans ton pays?

5. – Quels sont vos problèmes alors?

Elodia

– _____

– Non, on _____ notre langue régionale.

– Mais non, il _____

_____, j'habitais en ville.

– _____
causent des problèmes.

– Nos problèmes, ce _____ les idées que les Européens se font de notre pays!

---

1 recueillir qc [ʀəkœjiʀ] etw. sammeln – **2 un conte traditionnel** [ɛ̃kɔ̃tʀadisjɔnɛl] eine überlieferte Erzählung – **3 un tribu nomade** [ɛ̃tʀibynɔmad] ein Nomadenstamm – **4 un troupeau de chameaux** [ɛ̃tʀupodəʃamo] eine Kamelherde – **5 une chèvre** [ynʃɛvʀ] eine Ziege – **6 une dune** [yndyn] eine Düne – **7 le désert** [lədezɛʀ] die Wüste – **8 se mettre à faire qc** [səmɛtʀ] anfangen, etw. zu tun – **9 en rond** [ɑ̃ʀɔ̃] im Kreis – **10 sauvage** [sovaʒ] wild – **11 un lion** [ɛ̃ljɔ̃] ein Löwe – **12 une guerre civile** [yngɛʀsivil] ein Bürgerkrieg – **13 la pauvreté** [lapovʀəte] die Armut – **14 causer** [koze] verursachen

GRAMMAIRE / VOCABULAIRE 5

5 Notre maison → § 16

Léon habite un des grands boulevards à Paris, il parle de sa maison et des voisins.

*Lis le texte, puis ajoute les adjectifs qui manquent.
Mets-les à la bonne place.
Les adjectifs allemands vont t'aider.*

Notre maison, c'est un _____ immeuble _____. Il y a beaucoup de locataires[1], des _____ gens _____, mais aussi _____ familles _____ qui habitent les _____ appartements _____. Les _____ propriétaires _____, c'étaient des gens du quartier, mais il n'y a plus un _____ Parisien _____ qui y habite maintenant. Le _____ locataire parisien _____, un _____ homme _____, a quitté la maison la / l'_____ année _____. C'était un _____ type _____ qui avait un _____ problème _____ avec les gens du troisième étage qui ne tenaient pas les _____ locaux[2] _____, même pas leur _____ appartement _____.

ehemalig
sauber
teuer
sehr alt
arm
einige
einziger
echt
letztes
vorige
allein(stehend)
bedauernswert
eigenes

6 Le serpent noir du vocabulaire

a *Regarde les lettres pêle-mêle[3] dans le serpent noir et trouve les 12 nouveaux mots du dossier 5. Les mots allemands dans l'encadré vont t'aider.*

besonders ▪ **langsam** ▪ **Realität** ▪ **tatsächlich** ▪ **blind** ▪ **Wort** ▪ **nicht arbeiten** ▪ **Staatschef** ▪ **Leidenschaft** ▪ **Unabhängigkeit** ▪ **stattfinden** ▪ **entweder … oder …**

1. _____
2. _____
3. _____
4. _____
5. _____
6. _____
7. _____
8. _____
9. _____
10. _____
11. _____
12. _____

---

1 un(e) locataire [ɛ̃/ynlɔkatɛʀ] ein(e) Mieter(in) – **2 les locaux** (m.) [lelɔko] *hier:* die Nebenräume und das Treppenhaus – **3 pêle-mêle** [pɛlmɛl] durcheinander

5 VOCABULAIRE / SAVOIR FAIRE

b *Prends les mots trouvés dans la partie* **a** *et classe-les d'après les catégories suivantes:* contraire, synonyme, définition. *Les couleurs vont t'aider. Ajoute l'article défini s'il y a un nom.*

1. ne pas avoir de travail / ne pas travailler →
2. un rêve, une illusion →
3. ou bien … ou bien … →
4. La réunion des élèves se passera à 10 h, en salle 108. →
5. le président de la République / le Bundespräsident →
6. un sentiment d'amour très fort pour qn ou qc →
7. rapide →
8. vraiment / réellement / sûrement →
9. avant tout / surtout →
10. qn qui ne peut pas voir →
11. le mot / le texte / ce qu'on dit →
12. la liberté / l'autonomie d'un peuple →

7 Regards sur la littérature africaine

TIPP
Gehe zuerst noch einmal die Hinweise in dem *Stratégie*-Kasten auf S. 57 im Buch durch.
Wenn du keine Möglichkeit hast, dein Exposé vor der Klasse zu präsentieren, suche dir andere Zuhörer (Geschwister, Freunde), die dir ein Feedback geben können oder übe die Präsentation allein vor dem Spiegel.

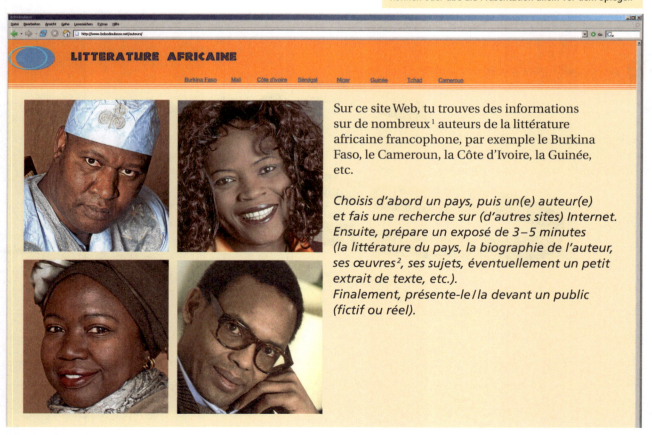

Sur ce site Web, tu trouves des informations sur de nombreux[1] auteurs de la littérature africaine francophone, par exemple le Burkina Faso, le Cameroun, la Côte d'Ivoire, la Guinée, etc.

Choisis d'abord un pays, puis un(e) auteur(e) et fais une recherche sur (d'autres sites) Internet. Ensuite, prépare un exposé de 3–5 minutes (la littérature du pays, la biographie de l'auteur, ses œuvres[2], ses sujets, éventuellement un petit extrait de texte, etc.).
Finalement, présente-le / la devant un public (fictif ou réel).

---
1 nombreux, nombreuse [nõbʁø,-øz] zahlreich – **2 une œuvre** [ynœvʁə] ein Werk

LIRE 5

 8 Le voyage de Tchekroba

L'histoire suivante nous raconte le voyage d'un vieil homme, Tchekroba, qui vit dans un village de la Côte d'Ivoire, loin des grandes villes.
C'est dans les années soixante, le pays vient d'obtenir son indépendance.

a *Avant de faire l'exercice, apprends le vocabulaire inconnu (→ PDF sur CD).
Puis, lis le texte et coche la phrase qui résume le mieux le texte.*

L'histoire se passe comme toujours à Betadougou, car à Betadougou on voit un peu de tout.
C'est que, lorsque Betadougou reçut, comme un gâteau, son indépendance des mains du général blanc de Gaulle, [...] le vieux Tchekroba, n'avait visiblement pas vu venir le changement sous le soleil des indépendances, aussi c'est sans gêne qu'il décida d'aller rendre visite à son fils qui habitait à Ouangolofitini.
Comme de son temps, la notion de temps n'existant pas, il trouva normal de partir à pied. Il se leva de bon matin, prit sa canne et se mit en route. Il n'avait pas prévu de nourriture, car en Afrique, l'étranger est roi, et lui, Tchekroba, il était respecté dans son village et ce serait un honneur pour ceux qui auraient la chance de le recevoir comme invité à la table.
Tchekroba donc marcha, toute la matinée, se gavant d'ananas sauvages, de mangues et de corrosols, car là-bas en Afrique, les Dieux avaient pourvu tout le nécessaire pour survivre, c'est donc à juste raison que les habitants de Betadougou trouvaient le luxe de passer toute la journée sous l'arbre à palabres à discuter de choses inutiles.
La nuit tombait lorsque le vieux Tchekroba arriva dans le petit village de Sagadjigui. Sagadjigui était un ancien combattant, [...] il avait été en Europe, avait combattu les Allemands. Il en était revenu, européanisé [...]. Il mangeait désormais à la cuillère, réglementait la ration et demandait qu'on lui envoyât une lettre avant de se faire inviter chez lui.
Ironie du sort, c'est chez Sagadjigui que le vieux Tchekroba décida de passer la nuit. Il arriva dans la cour de Sagadjigui, et à haute voix, commença les salutations:
«ani sogoman ...»
«... somogo nous behe ...»

Les salutations prirent plus de cinq minutes avant qu'on donnât la chaise à Tchekokroba, comme c'était la coutume, après lui avoir demandé les nouvelles sur tout ce qui pouvait le toucher de près ou de loin, comme par exemple la dernière maladie de son petit-fils, l'état de santé des chèvres du village, etc.
La famille Sagadjigui venait de finir le dîner et donc rien n'étant prévu pour cet invité qui n'avait pas prévenu, on trouva quand même un peu de riz que le fils de Sagadjigui n'avait pas encore mangé. Tchekroba devait donc partager le repas du petit.
Il se lava les mains, s'assit autour de la casserole, et [...] plongea la main dans la casserole. Lorsqu'il retira la main, la moitié du riz était partie. Le fils de Sagadjigui commença à pleurer, et appela son père: «Papa, papa, tu as vu comment l'étranger a pris, il a fini tout le riz!»
Le père [...] dit: «Mon fils, est-ce que notre invité t'a dit, qu'après ce gros coup qu'il a pris, il va en prendre encore ...?»
Le père dit cela lorsque la main du vieux Tchekroba était à mi-chemin prête à prendre un autre coup.
Il s'arrêta en chemin. C'était plus qu'il ne pouvait supporter. Lui, le vieux Tchekroba, se voir honnir comme ça pour du riz.
Vraiment, l'Afrique avait changé!
L'honneur étant plus que tout en Afrique, le vieux Tchekroba s'excusa et refusa de passer la nuit chez Sagadjigui et continua son chemin. C'est très tôt le matin qu'il arriva à Ouangolofitini.
A Ouangolofitini, très vite le vieux Tchekroba prit goût à aller visiter la seule salle de cinéma de la ville.
[...] Tchekroba découvrit [...] le cinéma pour la première fois!

© John Tra, Ph.D.

① Tchekroba a perdu un ami. ☐

② L'Afrique n'est plus ce qu'elle était. ☐

③ Tchekroba ne termine pas son repas. ☐

④ Ils sont bêtes, les Blancs ... ☐

⑤ Tchekroba retrouve son fils et petit-fils. ☐

⑥ L'étranger est roi! ☐

5 LIRE / MEDIATION

b *Maintenant, relis le texte et coche la/les bonne(s) phrase(s).*

1. Tchekroba fait ce voyage pour	3. Chez Sagadjigui, Tchekroba
a) apporter un gâteau au général de Gaulle. ☐	a) est reçu d'après la tradition africaine. ☐
b) rendre visite à son ami Sagadjigui. ☐	b) n'est pas reçu d'après la tradition africaine. ☐
c) aller voir son fils. ☐	c) ne peut pas manger à sa faim[2]. ☐
2. Le voyage à pied est long, alors il	4. Finalement, Tchekroba
a) part tôt le matin. ☐	a) se couche avec le petit-fils de Sagadjigui. ☐
b) prépare donc un pique-nique. ☐	b) dort très mal chez Sagadjigui. ☐
c) mange des fuits sauvages[1] en marchant. ☐	c) ne passe pas la nuit chez Sagadjigui. ☐

9 Französisch bitte!

a Dein französischer Austauschpartner hat diesen Artikel in einer deutschen Zeitung gefunden. Er versteht ihn noch nicht ganz, du hilfst ihm und fasst ihm die wichtigsten Informationen auf Französisch zusammen. Benutze ein zweisprachiges Wörterbuch. (Unterstreiche gleich, welche Wörter du vermutlich im Wörterbuch nachschlagen musst.)

> **TIPP**
> Bei Presseartikeln findest du oft einen nominalen Stil und Ausdrücke, die dir im Französischen nicht geläufig sind. Aber du sollst ja auch nicht übersetzen, sondern mit eigenen Worten wiedergeben! Mit verbalen Umschreibungen und vereinfachten Sätzen gelingt dir sicher die Wiedergabe des Inhalts, z. B.
> … machen's vor = sind ein Vorbild / geben ein gutes Beispiel
> → … *donnent un bon exemple*, etc.

Eine Politik für die Sprache
Unsere Nachbarn machen's vor

Ein Trend zur Ausweitung bis hin zur Vorherrschaft der englischen Sprache in allen Lebens- und Wirtschaftsbereichen lässt sich seit Jahren beobachten. Sowohl im Alltagsleben als auch in der Presse, besonders wenn es um die Themen Computer oder Sport geht, scheint sich ein englisches Vokabular in den meisten Ländern durchgesetzt zu haben. Noch deutlicher ist jedoch die Dominanz des Englischen bzw. Amerikanischen in den Unternehmen. Auf manchen (deutschen) Büroetagen hört man schon kaum noch ein deutsches Wort. Der Grund sind nicht immer die internationalen Beziehungen des Unternehmens, sondern oft auch der Wunsch, einen fortschrittlichen, „modernen" Eindruck zu machen und wichtig zu erscheinen.

Während man in Deutschland dieses Phänomen kaum beachtet, gibt es bei unseren französischen Nachbarn große Widerstände: von der Politik, z. B. mit einem Gesetz für die französische Sprache*, der „Loi Toubon", aber auch von den Gewerkschaften. Die Gewohnheit, in einem Unternehmen „alles auf Englisch" abzuwickeln, entspricht nicht diesem Gesetz und hat direkte Auswirkungen auf das Leben der Arbeitnehmer, sie erzeugt schwierige Situationen, Missverständnisse, Stress, Diskriminierung. Deshalb kämpfen die Gewerkschaften dafür, dass in französischen Unternehmen französisch gesprochen wird, denn

dies sichert das Überleben der Frankophonie sowie die Arbeitsplätze der französischsprachigen Arbeitnehmer.

Die Franzosen machen es also im eigenen Lande vor: Mit einem Gesetz und mit großem politischen Engagement sorgen sie dafür, dass die „langue de Molière" erhalten und lebendig bleibt. Außerdem verteidigt Frankreich die sprachliche Vielfalt in der Europäischen Union, damit die Sprachen, Kulturen und Menschen aller Mitgliedsländer respektiert werden. Die Dominanz der englischen Sprache in den europäischen Institutionen zeigt, dass in Fragen der Sprache noch nicht genug Solidarität unter den Ländern der Europäischen Union herrscht.

---

1 des fruits sauvages *(m.)* [defʀɥisovaʒ] Wildfrüchte – **2 manger à sa faim** [mɑ̃ʒeasafɛ̃] sich satt essen –

(* s. Beispiel im Foto der Lufthansa)

ECRIRE / MEDIATION 5

 b *L'allemand? Pourquoi pas? Dans la famille de ton correspondant, c'est la dispute totale: sa petite sœur Sonia doit choisir sa deuxième langue au collège. Toute la famille lui propose l'allemand, mais elle refuse d'apprendre «cette langue la plus difficile de toutes» et préfère l'espagnol. Ecris-lui un e-mail à ce sujet (environ 200 mots). Tu peux te servir d'un dictionnaire.*

10 Communiquer et écrire: Lecture d'auteur[1]

Avec ton copain, tu viens d'assister[2] à une lecture de Zolo Zobiac, un auteur africain francophone, dans la bibliothèque municipale[3] de ta ville. L'auteur qui écrit des livres sur et pour les jeunes, a lu un chapitre[4] de son nouveau roman: «Parole coupée[5]». Pour cette lecture, il y avait une interprète allemande, mais elle n'est plus là pour la discussion qui suit.

Pendant celle-ci, tu fais donc l'interprète pour ton copain. Transpose les phrases 1.–5. dans ton cahier.

M. Zobiac: Bon, si vous voulez, je suis prêt à répondre à vos questions. Je ne parle malheureusement pas l'allemand, mais je suis sûr que nous allons nous débrouiller pour nous comprendre les uns les autres.
Une dame: Monsieur Zobiac, dans le chapitre que vous venez de nous lire, nous avons fait la connaissance d'un jeune Africain qui ne parle pas ou plus, mais nous n'apprenons pas pourquoi il est muet[6]. Pourtant, le titre du livre laisse deviner que c'était une expérience ou un événement[7] qui lui a coupé la parole …

1. *Toi:* …

M. Zobiac: Vous avez raison, madame, il y a effectivement une mauvaise expérience qui a coupé la parole à ce jeune garçon, mais je vous laisse le choix de l'imaginer …

2. *Toi:* …

Ton copain: Ich möchte auch gern eine Frage stellen, kannst du das für mich machen, bitte? Warum schreibt er überhaupt in Französisch und nicht in seiner Landessprache?

3. *Toi:* …

M. Zobiac: Bonne question, jeune homme. Mais je vous dis, la réponse est très simple: je veux être lu! Je veux être lu hors[8] de mon pays où les jeunes d'abord ne lisent pas beaucoup – je présume[9] que c'est le même problème en Europe –, mais surtout, ils n'ont pas les moyens de s'acheter des livres. En plus, j'écris aussi parce que je veux faire connaître aux autres la culture et les histoires de mon pays, et cela, c'est plutôt possible en se servant[10] d'une langue européenne, car les livres qui sont écrits seulement dans une langue africaine, personne ne les connaît, personne ne s'y intéresse sur le marché de la littérature.

4. *Toi:* …   *Et euh, … est-ce que vous écrivez aussi dans la langue de votre pays, monsieur?*

M. Zobiac: Oui, bien sûr, presque la moitié de ce que j'écris! Mais en général, ce ne sont pas des livres, ce sont plutôt des textes, des articles, des contes aussi qui paraissent dans des revues[11] régionales ou locales, parfois même sous forme de tract[12] qui sont donnés aux gens dans les quartiers et les villages. Mais je vais vous dire une chose encore, à ce sujet, les langues traditionnelles de mon pays (il y en a deux que je parle et comprends) ne sont pas faites pour être écrites, ce sont des langues qui répondent aux besoins[13] d'une tradition orale[14]. Quand j'étais à l'école, tout ce qu'on faisait par écrit, c'était en français, ce qui fait que pour moi, écrire en français, c'est plus facile et plus riche en vocabulaire.

5. *Toi:* …   *Euh, … merci beaucoup, monsieur, il faut qu'on y aille. Au revoir et bonne soirée.*

---

1 une lecture d'auteur [ynlɛktyʀdotœʀ] eine Autorenlesung – **2 assister à qc** [asiste] bei etw. dabei sein – **3 municipal(e)** [mynisipal] Gemeinde- – **4 un chapitre** [ɛ̃ʃapitʀ] ein Kapitel – **5 parole coupée** [paʀɔlkupe] *hier:* verstummt *(Titel)* – **6 muet, muette** [mɥɛ,-ɛt] stumm – **7 un événement** [ɛ̃nevɛnmɑ̃] ein Ereignis – **8 hors de** [ɔʀ] außerhalb von – **9 présumer** [pʀezyme] annehmen – **10 se servir de qc** [səsɛʀviʀ] etw. benutzen – **11 une revue régionale / locale** [ynʀəvyʀeʒjɔnal/lɔkal] eine regionale / örtliche Zeitschrift – **12 sous forme de tract** [sufɔʀmdətʀakt] als Flugblatt – **13 un besoin** [ɛ̃bəzwɛ̃] ein Bedürfnis – **14 une tradition orale** [yntʀadisjɔ̃ɔʀal] eine mündliche Überlieferung

5 INTERRO

1 Ecouter: «Monsieur Homme-Serpent»

La scène suivante est le début d'une pièce satirique, écrite par une auteure africaine, Marie-Charlotte Mbarga Kouma. Tu vas entendre un entretien entre Mefoé, un journaliste, qui rencontre Nkukuma, le chef du quartier. Cette scène a lieu sur la véranda, à la maison de Nkukuma.

a *Ecoute le dialogue, puis travaille sur le vocabulaire.*

🇫🇷	explications	🇩🇪
les dignitaires	*adjectif:* digne; les personnes dignes de respect	_____
avaler	manger (animal)	_____
blaguer	faire une blague / dire qc de drôle	_____
la proie	ce qu'un animal sauvage a chassé pour le manger	_____
les intimes	les meilleurs amis	_____
châtier qn	pour châtier qn, on le bat par exemple	_____
laisser qn impuni	ne pas le châtier	_____
chuchoter	parler très bas	_____

b *Maintenant, réécoute le dialogue et coche la phrase qui résume le mieux le texte ①, ② ou ③.*

① Dans la ville, un grand boa[1] sauvage a l'habitude d'attaquer des jeunes et vient de manger une jeune étudiante. Nkukuma, l'homme-serpent doit s'en occuper. ☐

② Un homme du quartier a l'habitude de se transformer en boa sauvage, la nuit, et il a mangé deux jeunes étudiantes, avant-hier[2] soir. ☐

③ Avant-hier soir, un homme a séduit[3] une jeune fille et, après s'être transformé en serpent, a fini par la manger. ☐

c *Marque ce que les gens disent par* **+** *si c'est vrai,* **−** *si c'est faux ou* **?** *si on ne sait pas. Tu peux réécouter le dialogue si nécessaire.*

1. Dans le quartier, tout le monde parle de ce crime terrible. ☐

2. On a l'impression qu'on connaît bien l'Homme-Serpent, mais personne ne dit rien. ☐

3. Mefoé fait des recherches parce qu'il veut trouver la vérité[4]. ☐

4. Nkukuma est allé voir le journaliste pour lui raconter ce qu'il sait. ☐

5. Il y a un témoin: une autre jeune étudiante. ☐

6. La victime n'a pas été la première, il y en avait déjà deux autres. ☐

7. On sait que l'Homme-Serpent, c'est un pauvre vieux que personne ne respecte. ☐

8. La jeune fille avait séduit le serpent. ☐

---

1 un boa [ẽbɔa] *Riesenschlange* – **2 avant-hier** [avɑ̃tjɛʀ] *vorgestern* – **3 séduire qn** [sedɥiʀ] *jdn. verführen* – **4 la vérité** [laveʀite] *die Wahrheit*

INTERRO 5

2 Lire: Possetsro

Dans son village de Betadougou, le vieux Tchekroba est appelé par son deuxième nom, «Possetsro». Voici dans le texte l'explication de ce sobriquet[1] que les jeunes du village avaient trouvé pour lui.

Le jour avant de faire cet exercice, apprends le vocabulaire inconnu que tu trouves sur CD (PDF).

a *Lis le texte, puis complète la phrase en dessous du texte.*

[…] Ce nom lui venait de la passion qu'il avait pour le «riz coucher». Le riz coucher est ce repas-là qu'on prépare la veille, et qui reste jusqu'au lendemain pour servir de petit déjeuner. Ce repas qui a dormi porte
5 divers noms qui sont «restangolo, riz coucher, riz cadavre, et possetsro». De tous ces noms, le nom le plus noble, est celui de possetsro.
Il y avait chez le vieux Tchekroba comme une adoration, un culte matinal pour le riz coucher.
10 Nous avons appris par la suite que le possetsro suivait une certaine règle, une recette dont seuls les initiés avaient le secret. Tout repas coucher ne devient pas possetsro.
Pour qu'un repas devienne possetsro,
15 il lui faut passer les étapes suivantes:
1) La cuillère qui a été portée à la bouche ne doit pas toucher la sauce la veille au risque de la fermenter.
2) La main ne doit pas toucher la sauce de la veille au risque de la corrompre.
20 3) Il faut laisser assez de sauces et de viandes pour attiser l'appétit.
4) La cuisson le lendemain doit être faite de la manière suivante:

Dans la marmite qui a servi à préparer la sauce, verser le riz. Le riz doit être imbibé de sauce. 25
Faire cuire à petit feu pour que la saveur de la sauce pénètre chaque grain de riz.
5) Le possetsro ne doit pas être mangé seul!
[…] Le vieux Possetsro était un expert du possetsro. Lorsqu'il mangeait son petit déjeuner, il devenait 30 comme aveugle et ne voyait personne à côté.
Un jour […], le fils d'El chaparal, le nommé «Pointe» était assis attendant d'être invité par un possetsro.
[…] Pointe attendit, et rien ne vint; lorsque Possetsro finit la moitié du repas et que ses yeux 35 commencèrent à s'ouvrir, il se rendit compte qu'il était en train de pêcher, car depuis quand un Africain mange-t-il sans inviter les autres?
[…] Toujours est-il que le vieux Possetsro dans un français dont il a acquis la maîtrise s'écria 40
«Mais Pointe, tu es là au dépit le dépit? Viens on va manger, Pointe!» (Pointe étais-tu là depuis le début? Viens qu'on mange!)
Pointe ne se fit pas prier et assomma le restant du possetsro. […] 45

© John Tra, Ph. D.

Le vieux Possetsro est appelé ainsi parce qu'il _____ le _____ coucher,

un _____ traditionnel.

b *Maintenant, relis le texte et coche la bonne réponse.*

1. Le «riz coucher» est préparé	3. Pour préparer un bon possetsro, il faut faire attention à
a) la veille et «dort» pendant la nuit. ☐	a) faire cuire le riz et la viande dans deux marmites séparées. ☐
b) au petit déjeuner quand on a bien dormi. ☐	b) ne mettre la viande dans la sauce qu'à la dernière minute. ☐
c) le matin, puis on le «couche» dans une marmite jusqu'à midi. ☐	c) ne pas toucher la sauce avec les doigts. ☐
2. Possetsro mange son riz	4. Quand Possetsro mange son plat préféré,
a) au petit déjeuner. ☐	a) les jeunes du village chante son nom. ☐
b) à midi. ☐	b) il a l'habitude d'inviter son ami Pointe. ☐
c) le soir. ☐	c) il ne voit plus rien ni personne. ☐

[1] **un sobriquet** [ɛ̃sɔbʀikɛ] ein Spitzname

5 INTERRO

3 Médiation: «Les enfants-oiseaux»

Sept enfants vont être choisis pour un projet fou: voler[1] comme les oiseaux. Ces sept enfants sont tous des passionnés[2]: l'un ne pense qu'aux escaliers, l'autre se passionne pour les ailes[3], un troisième est l'as[4] du déménagement …

Lis le texte qui fait entrer dans l'histoire ainsi que l'histoire de l'un de ces enfants, Javier. Puis, communique en allemand les idées que tu y découvres à ta copine/ton copain qui ne parle pas le français.
*Quelle est **l'idée principale** que l'écrivain, Erik Orsenna, expose dans ce conte?*
(Avant de faire l'exercice, apprends le vocabulaire inconnu [→ PDF sur CD].)

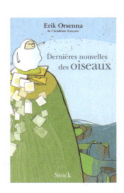

A la fin de l'année scolaire, la tradition veut que les meilleurs élèves reçoivent des prix. Pendant la cérémonie, le Président a une idée qui lui traverse la tête:

«Pourquoi ne pas couronner d'autres enfants? Qui eux aussi travaillent et se passionnent? Mais dans des domaines qu'ils ont choisis eux-mêmes, hors du cadre de l'école.
Aussitôt imaginée l'idée, aussitôt mise en œuvre. […]
Dès le lendemain, il lança dans toute l'Europe une équipe d'enquêteurs.
– Trouvez-moi des talents cachés, des passionnés. […]
Je veux tout sauf des paresseux, je veux des travailleurs, mais des travailleurs qui ne supportent que la liberté, que les devoirs qu'ils se sont donnés eux-mêmes. […]
D'abord, nous donnerons à chacun d'eux un grand prix de la Passion.»

Un des enfants passionnés, c'est Javier. Voici son histoire:

[…] Et c'est ainsi qu'ils remontèrent la piste de Javier (douze ans). Un adolescent atteint d'une maladie très particulière et nouvelle, jamais décrite dans les manuels de médecine: la maladie des escaliers.
Une passion qui lui était venue très tôt. Déjà, vers trois ou quatre ans, il répétait:
«Que c'est beau, un chemin qui monte! Plus tard, je construirai des chemins qui montent!» Et cette passion avait viré à l'obsession.
A l'école, les professeurs s'énervaient, menaçaient, punissaient. Peine perdue.
A quoi bon donner mille fois la même phrase à copier, «Plus jamais je ne laisserai un escalier occuper mon esprit pendant un cours de mathématiques», si le cahier de punitions s'ornait immédiatement de dix mille croquis représentant cent mille marches?
A quoi bon, des dimanches entiers, retenir en colle l'obsédé si on le retrouve réparant, avec l'aide du pion, toutes les rampes branlantes du collège?
A quoi bon tenter d'intéresser ce Javier aux matières du programme ou lui parler d'avenir professionnel? Il vous répondra: «Plus tard, je construirai des escaliers, rien que des escaliers. Pourquoi donc apprendrais-je autre chose?»
Quand les parents de Javier virent par la fenêtre s'approcher deux hommes furieux qu'ils connaissaient bien, le curé et le concierge du stade, ils se mirent à gémir.
– Pauvres de nous!
– Nous n'avions pas mérité un tel fils!
– Quelle bêtise a-t-il encore faite?
Que Dieu aplatisse d'un coup les maisons et les villes!
Qu'Il nous délivre de cette folie des escaliers!

Dernières nouvelles des oiseaux, Erik Orsenna © Editions Stock, 2005

4 Ecrire: Faire un devoir avec passion?

Aimer un devoir qu'on doit faire et le faire avec passion et enthousiasme[5], crois-tu que ce soit possible? A l'école ou seulement hors[6] de l'école ou bien même faire de ta passion un métier? Connais-tu ou peux-tu imaginer des exemples?

Ecris un texte libre à ce sujet (environ 200 mots).

(Hinweis: Wenn du alle 4 Aufgaben machst, kannst du 35 Punkte erreichen.)

---

1 voler [vɔle] *hier:* fliegen – **2 un passionné** [ɛ̃pasjɔne] qn qui aime beaucoup une chose – **3 une aile** [ynɛl] ein Flügel – **4 un as** [ɛ̃nas] ein Ass / ein Könner – **5 l'enthousiasme** *(m.)* [lɑ̃tuzjasmə] die Begeisterung – **6 hors de** [ɔʀ] außerhalb von

COMPRENDRE / GRAMMAIRE **C1**

A la carte 1   Accro de l'info?

1 Merci professeur!

Sur TV5MONDE, Bernard Cerquiglini, spécialiste de
la langue, montre et explique des curiosités[1] de la langue
française, certains phénomènes grammaticaux[2] et l'origine
de certains mots ou expressions.

TIPP

Lies dir einen Tag vor Bearbeitung der Aufgabe die Vokabelliste durch (→ PDF auf CD).
Du kannst auch noch einmal den Tipp zu der
Hör-/Sehverstehens-Aufgabe in Dossier 3
durchlesen.

a *Regarde et écoute la vidéo du professeur, puis complète la phrase suivante.*

Dans la vidéo, le professeur explique _____.

*Puis, note deux autres mots/
expressions de la même famille
et leurs traductions allemandes.
Les dessins vont t'aider.*

1. _____   _____

2. _____   _____

b *Regarde et écoute la vidéo une deuxième fois et coche la/les bonne(s) réponse(s).*

1. Autrefois dans les rues,		**3.** Une vente à la criée est		
a) tout le monde criait à haute voix.	☐	a) une vente d'objets anciens.		☐
b) un crieur public faisait des annonces à haute voix.	☐	b) une vente aux enchères, par exemple des poissons.		☐
c) les marchands faisaient leur publicité à haute voix.	☐	c) une vente de cravates.		☐
2. «Les cris de Paris», c'étaient		**4.** L'expression «dernier cri» signifie aujourd'hui		
a) une liste de marchands ambulants.	☐	a) complètement ringard.		☐
b) une liste de chanteurs ambulants.	☐	b) une mode de la saison dernière.		☐
c) une liste de poètes et acteurs ambulants.	☐	c) très à la mode.		☐

2 Professeur, quelques questions, s'il vous plaît!   → § 18

TV5MONDE

*Dans les questions suivantes, fais l'accord du pronom interrogatif
et du participe passé si nécessaire.*

1. – Combien de mots avez-vous déjà expliqué____?   **2.** Quel____ expressions avez-vous particulièrement

aimé____?   **3.** Combien de questions avez-vous déjà reçu____ de vos spectateurs?   **4.** Quel____ autres

émissions avez-vous fait____?   **5.** Quel____ dictionnaire avez-vous consulté[3] ____ pour les mots difficiles?

_____

1 une curiosité [ynkyʁjozite] eine Eigenart – **2 un phénomène** [efenɔmɛn] eine Erscheinung –
3 consulter [kõsylte] *hier:* verwenden

59

C1 GRAMMAIRE

3 A l'hôtel d'Arcachon → § 19

Pendant les vacances, Céline travaille dans un hôtel. Tous les soirs, le chef de service, Monsieur Lopez, réunit[1] ses employés[2].

Lis les phrases et complète-les par les **verbes**
monter, descendre, sortir, rentrer au **passé composé**.

TIPP
Denke beim **Gebrauch der Verben** daran:
transitiv = mit direktem Objekt (→ *avoir*),
intransitiv = ohne Objekt (→ *être*).

M. Lopez: La dame qui vient d'arriver _____ dans sa chambre, Luigi, tu _____ ses valises?

Luigi: Oui, bien sûr, et son vélo, je le/l' _____ à la cave.

M. Lopez: Tout à l'heure, je _____ sur la terrasse et j'ai vu que rien n'était encore préparé pour le barbecue de ce soir …

Raoul: Mais … moi, je _____ au 3e étage et je/j' _____ trente-six fois parce que la dame du 307 voulait toujours que je lui apporte quelque chose! Et après cela, je/j' _____ à la cave pour chercher du vin, quelle galère[3]! Mais finalement, je lui _____ la bouteille la plus chère!

Luigi: Et Céline, elle _____ toutes les serviettes que les gens avaient oubliées près de la piscine.

Céline: Après, je/j' _____ encore _____ le petit chien de Madame Noble parce qu'elle n'avait pas le temps …

M. Lopez: Bon d'accord. Vous _____ les bougies[4] pour les mettre sur les tables? Et encore une chose: s'il commence à pleuvoir, _____ (*impératif*) vite les tables sur lesquelles il y a le buffet[5], s'il vous plaît. Vous pouvez, si vous voulez, rester avec nous ce soir, il y aura de la bonne viande grillée.

Luigi: Avec plaisir, la dernière fois, il y avait une super ambiance, on _____ tard après minuit.

4 Mais ce sont eux qui sont responsables! → § 20

Lis ce qu'un jeune demande à ses copains. Ecris leurs réponses dans ton cahier en utilisant **la mise en relief**. Sers-toi des indications[6] dans l'encadré pour dire qui est responsable/avec qui ils ont communiqué/où ils ont mis quelque chose.

1. Lucas ■ 2. club d'escalade/Yan ■ 3. Franck et Joël ■ 4. Emilie ■ 5. Julie et Louise ■ 6. l'étagère

1. – Max, tu as utilisé mon iPod ou quoi? – …
2. – Zoé et Lise, vous avez écrit des e-mails en Allemagne, à ma corres? – …
3. – Luc et Marc, vous avez joué sur ma nouvelle PlayStation? – …
4. – Aude, tu as échangé des informations sur Facebook sous mon nom? – …
5. – David et Hugo, vous vous êtes connectés sur Twitter et vous avez suivi l'utilisateur FanFan? – …
6. – Emma, où est mon smartphone? Tu l'as utilisé et mis dans ton sac à dos? – …

1 réunir [ʀeynir] versammeln – **2 un(e) employé(e)** [ɛ̃/ynɑ̃plwaje] ein(e) Angestelle(r) – **3 quelle galère!** [kɛlgalɛʀ] was für eine Sklavenarbeit! – **4 une bougie** [ynbuʒi] eine Kerze – **5 un buffet** [ɛ̃byfɛ] ein Büfett – **6 une indication** [ynɛ̃dikasjɔ̃] eine Angabe

GRAMMAIRE / VOCABULAIRE — C1

5 Respecter le règlement intérieur¹ du club → § 17

Tu vas régulièrement jouer aux échecs² dans un club. Normalement, on y joue avec beaucoup de concentration³. Quand il y a un tournoi⁴, beaucoup de jeunes étrangers viennent mais ils ne connaissent ou ne comprennent pas le règlement intérieur du club. Alors tu leur traduis en français les phrases les plus importantes.

*Ecris le règlement du club en français dans ton cahier. Fais attention au changement entre **la voix active** et **la voix passive**.*

§ 1 In unserem Club wird die Konzentration der Spieler respektiert. Deshalb werden die Spieler nicht angesprochen und ihre Spielzüge* nicht laut** kommentiert. Die Beobachter halten sich ein wenig beiseite***.
§ 2 Die Turniere, auch die kleineren, werden nach den internationalen Regeln gespielt.
§ 3 Im gesamten Haus wird nicht geraucht. Das versteht sich [von selbst].

6 Information et informatique

a *Cherche l'intrus dans chaque groupe de mots et coche-le. Tu peux te servir d'un dictionnaire bilingue.*

1. les spectateurs ☐	3. hebdomadaire ☐	5. la revue ☐
les auditeurs ☐	mensuel ☐	le magasin ☐
les lecteurs ☐	jounalistique ☐	le journal ☐
les acteurs ☐	quotidien ☐	le magazine ☐
2. les infos ☐	4. cliquer ☐	6. une émission ☐
le journal télévisé ☐	chatter ☐	une publicité ☐
le reportage ☐	surfer ☐	une série ☐
le feuilleton ☐	abuser ☐	une maison d'édition ☐

b *Complète le texte suivant avec les mots que tu peux découvrir dans la salade de lettres.*

> blogsécranordinateurportablechatterinternautetéléchargermédias

1. Nathalie est une _____ passionnée⁵. 2. Dès qu'elle rentre du collège, jusque tard le soir, elle ne quitte pas son _____ pour _____ de la musique (elle y dépense des fortunes⁶!), pour _____ avec ses copines, pour lire les _____ qui l'intéressent. Souvent, elle s'occupe de plusieurs _____ en même temps. Il n'y a qu'une chose qui puisse détourner⁷ son attention de l'_____: la sonnerie⁸ de son _____!

---

1 **le règlement intérieur** [lərɛɡləmɑ̃ɛ̃tɛʁjœʁ] die internen Vereinbarungen – 2 **jouer aux échecs** [ʒweozeʃɛk] Schach spielen – 3 **la concentration** [lakɔ̃sɑ̃tʁasjɔ̃] die Konzentration – 4 **un tournoi** [ɛ̃tuʁnwa] ein Turnier – 5 **passionné(e)** [pasjɔne] leidenschaftlich – 6 **dépenser des fortunes** (f.) [depɑ̃zedefɔʁtyn] ein Vermögen ausgeben – 7 **détourner** [detuʁne] *hier:* ablenken – 8 **la sonnerie** [lasɔnʁi] der Klingelton – * Spielzüge, **des coups**; ** laut, **à haute voix**; *** beiseite, **à part**

61

C1 LIRE

7 «C'est bien …

… d'être abonné[1] à un journal» dit le jeune narrateur[2] dans un texte de Philippe Delerm, publié en 2001.

a Lis le texte, puis complète la phrase en dessous du texte par un verbe.
Tu trouves une liste de vocabulaire sur le CD (PDF), au cas où tu en aurais besoin.

C'est bien d'être abonné à un journal

Pas un journal quotidien – c'est trop facile de savoir qu'il va être là chaque jour dans la boîte aux lettres, comme dans un distributeur automatique. Pas même un hebdomadaire, parce qu'alors il arrive toujours le même jour de la semaine, et ce n'est plus une surprise. Mais un mensuel, c'est bien. Chaque fois, on se dit:
– Je vais faire semblant d'avoir oublié que j'étais abonné. Comme ça le journal arrivera par magie, un matin.
Mais un mois, c'est long, et chaque fois on est obligé d'y repenser, de trouver que c'est bizarre, un peu inquiétant, cette attente infinie – est-ce que papa a bien pensé à envoyer le bulletin de réabonnement à prix réduit qu'on avait rempli soi-même, et posé en évidence sur le bureau?
En même temps, c'est bien d'attendre, parce qu'on se demande ce qu'il va y avoir dans le numéro.
Ce mois-ci, bien sûr, c'est Wimbledon, alors il y aura peut-être une interview de Pete Sampras – on dit qu'il ne sourit pas beaucoup, mais quand on le connaît, on voit bien la joie sur son visage, comme à la fin du match contre Rafter, la dernière fois.
En tout cas, il y aura des essais de nouvelles raquettes, et on pourra rêver un peu – même si on n'en change pas encore, on pourra mettre un grip vert fluo sur le manche de la vieille.

Un jour, on se dit qu'il y a vraiment un problème. Mama ajoute même:
– C'est normal, il y a des grèves dans le tri du courrier, à Paris.
Le lendemain, on ne pense même plus au journal de tennis parce qu'on a eu une mauvaise note au contrôle de maths, et ça fait comme un grand nuage gris dans la tête. Bien sûr, c'est ce jour-là que le journal vous attend, un peu caché par les petites annonces gratuites, mais on reconnaît bien le petit bout qui dépasse.
C'est ce moment-là qui est le meilleur.
On savoure la petite étiquette avec son nom et son adresse tapés à la machine, comme si on était un personnage officiel. On monte dans sa chambre. Maman lance dans l'escalier:
– Il y avait quelques chose au courrier?
Et on répond avec un ton détaché:
– Non, rien, juste mon journal de tennis.
On attend encore un peu pour déchirer le plastique transparent, mais on a lu à travers les lettres noires bordées de blanc:

INTERVIEW EXCLUSIVE: PETE SAMPRAS

C'est bien d'être abonné à un journal de Philippe Delerm
© Editions Milan, 2001

Ce que le narrateur aime particulièrement, ce n'est pas seulement lire son journal, c'est plutôt

le / l'_____.

b Maintenant, relis le texte, puis réponds aux questions suivantes dans ton cahier.

1. Pourquoi fait-il semblant d'avoir oublié qu'il est abonné au journal?
2. En attendant l'arrivée du journal, que s'imagine-t-il?
3. Que penses-tu: pourquoi, en répondant à sa mère, prend-il un «ton détaché»?

Patrick Rafter, ancien joueur de tennis australien

Pete Sampras, ancien joueur de tennis américain

---

1 être abonné(e) à qc [abɔne] etw. abonnieren / beziehen – **2 un narrateur, une narratrice** [ɛ̃naratœʀ, ynaratʀis] ein(e) Erzähler(in)

MEDIATION C1

8 Rendre en allemand: Accro à Facebook*

Tu es en train de regarder les nouvelles de tes amis sur Facebook et, justement, tu découvres cet article que tu veux tout de suite communiquer à ta/ton meilleur(e) ami(e) qui ne comprend pas le français.

*Lis le texte et résume-le en allemand pour ton copain/ta copine.
Tu peux te servir d'un dictionnaire (bilingue).*

PSYCHOLOGIES.COM mieux vivre sa vie

Moi Thérapies Couple Famille Beauté Bien-être Nutrition Culture Planète Tests Forums Blogs Chats

8 commentaires ★★★★★

Pourquoi je suis accro à Facebook

Les adolescents ne sont pas les seuls utilisateurs des réseaux sociaux. Aujourd'hui, tout le monde – ou presque – s'y est mis. Mais certains beaucoup plus que d'autres … Pourquoi passer tout son temps sur Facebook? Comment se «désintoxiquer»?

A 31 ans, Benjamin, comptable, passe plus de deux heures par jour sur Facebook. «Je mets à jour mon statut, commente le mur de mes amis, publie les dernières photos de mon fils … Je suis littéralement accro!» Pourquoi? D'abord, parce que les concepteurs de Facebook font tout pour! Comme l'explique Fanny Georges, chercheuse au CNRS[1], «l'interface est constituée de telle sorte que ce ne sont pas les informations personnelles de l'utilisateur qui sont mises en avant, ce qu'il aime, par exemple, mais l'historique de ses manifestations[2] sur le site: ce qu'il vient de mettre en ligne, avec qui il est désormais ami, etc.» Le dispositif est pensé pour que les «signes de présence» émis par Benjamin soient fréquents et valorisés. Une temporalité qui pousse à ne pas décrocher …

Combler un vide intérieur

Pour le psychiatre et psychanalyste Serge Tisseron, «les désirs sous-jacents à cette activité ont toujours habité l'être humain, le désir que les autres ne nous oublient pas, par exemple». Publier son humeur se rapproche des quelques mots envoyés jadis sur une carte postale.

«Le danger ne survient que lorsque la réalité nous apparaît trop frustrante, poursuit le psychanalyste. Et que nous cherchons à combler cette insatisfaction dans le monde non pas imaginaire, mais virtuel.» Thomas Gaon, psychologue clinicien et cofondateur de l'OMNSH, confirme: «Comme dans tout processus d'addiction, le risque intervient quand nous chargeons l'extérieur de combler un vide intérieur.» Dès lors que l'utilisation de Facebook n'est plus un moyen parmi d'autres d'obtenir reconnaissance et valorisation, mais l'unique moyen, il y a moins surconsommation que mauvaise consommation.

Trouver une sécurité affective[3]

Facebook rassure, «favorise le sentiment d'être intégré socialement, constate Fanny Georges. L'idée est d'être toujours en lien avec autrui, même hors connexion». Nos «amis» peuvent à tout moment venir nous «voir». Mais pourquoi utiliser Facebook pour satisfaire ce besoin d'appartenance[4]? «Timides dans la vie réelle, certains se sentent moins vulnérables sur le Net, répond Thomas Gaon. D'autres, déjà très extravertis, poursuivent ainsi leur parade[5].» […]

© Aurore Aimelet, Psychologies magazine

---

1 **le CNRS** = le Centre National de la Recherche Scientifique *nationale französische Forschungsorganisation* –
2 **l'historique** *(m.)* **de ses manifestations** [listɔrikdəsemanifɛstasjɔ̃] *der gesamte Verlauf seiner Aktivitäten* –
3 **la sécurité affective** [lasekyʀiteafɛktiv] *das Selbstvertrauen / die psych. Stabilität (erlangt durch Zuwendung, Liebe, etc.)* –
4 **un besoin d'appartenance** [ɛ̃bəzwɛ̃dapaʀtənɑ̃s] *ein Zugehörigkeitsbedürfnis* – 5 **la parade** [lapaʀad] *hier: die Selbstdarstellung*
* *unterscheide:* **accro à qc** = dépendant de qc *(von etw. abhängig / süchtig sein)* // **accro de qc** = passionné de qc *(von etw. begeistert sein)*

C1 INTERO

1 Ecrire: Débutants en informatique ...

Voici un extrait de l'album «Les Bidochon internautes» qui fait partie d'une série de BD très connue en France. Robert et Raimonde, les deux personnages qui sont parfois un peu stupides quand il s'agit de choses modernes, viennent d'acheter leur premier ordinateur. Un ami les aide à se connecter sur Internet et leur installe tout le nécessaire.

a Lis et regarde d'abord les images. Puis, complète les phrases 1.–3. et explique en peu de mots la question 4. (voir page 65).

INTERRO C1

1. Leur ami est en train de/d'_____.

2. Les premiers e-mails sont envoyés à _____.

3. La/Les personne(s) trouvant cette nouvelle technique formidable[1], c'est/ce sont _____.
4. A ton avis, qui est-ce qui ne comprend pas? Et quoi?

_____

_____

On se téléphone, on s'envoie des e-mails, des SMS, on se rencontre dans des salons de chat ou sur un réseau social, et tout cela parfois en même temps et à tout moment de la vie. Ces nouveaux médias nous permettent une communication en temps réel[2], alors qu'autrefois une lettre mettait plusieurs jours à arriver au destinataire[3].

b *Crois-tu que ce soit un progrès[4] formidable qui permet une meilleure communication entre les gens?*
Donne ton avis par écrit (environ 200 mots).
Tu peux intégrer certaines idées que tu as trouvées dans le texte de l'exercice 8, page 63.

 2 Comprendre: «Je suis le Ministre!»

a *Regarde et écoute la vidéo une première fois.*
A partir d'une anecdote, le professeur Cerquiglini nous parle d'une ambiguïté[5] de la langue française.
Laquelle? Explique sur les lignes.

TIPP
Je nachdem, wie gut du das Video verstehst, kannst du die **Vokabelliste** benutzen (→ PDF) oder die Aufgabe ohne sie lösen. In diesem Falle kannst du dir 5 Punkte zusätzlich anrechnen!

_____

_____

b *Maintenant, regarde la vidéo encore (au moins) une fois et écoute-la bien.*
Puis fais-en un bref résumé dans ton cahier à partir des éléments donnés.

1. On dit souvent que la langue française …,
   mais le professeur dit qu'…
   Il veut …
2. Le professeur raconte une soirée …
3. A la fin de cette soirée, …
4. Sur la route, …
   Quand les gendarmes …,
   il leur dit: …
   Un des gendarmes lui répond: …
5. A la fin, le professeur dit au ministre: …
   Mais celui-ci …

---

1 formidable [fɔʀmidabl] toll/wunderbar – **2 en temps réel** [ãtɑ̃ʀeɛl] in Echtzeit – **3 un(e) destinataire** [ɛ̃/yndɛstinatɛʀ] ein(e) Empfänger(in) – **4 un progrès** [ɛ̃pʀɔgʀɛ] ein Fortschritt – **5 une ambiguïté** [ynãbiguite] eine Zwei-/Mehrdeutigkeit (*adjectif*: ambigu, ambiguë)

C2 ECOUTER

A la carte 2 100% français?

 1 «Ça veut dire quoi pour toi, être Français?»

Sur Radio Jeunes, quatre adolescents discutent de ce que c'est pour eux d'être Français.

a *Avant d'écouter, regarde la devise[1] républicaine née de la Révolution française pour mieux comprendre les valeurs[2] françaises spéciales et note ce que la devise signifie en allemand. Puis, écoute le débat et coche la bonne réponse.*

liberté _____

égalité _____

fraternité _____

	vrai	faux	on ne sait pas
1. Alice se sent française parce qu'elle aime la France et sa culture.	☐	☐	☐
2. Julien ne se sent pas français car son père est Espagnol.	☐	☐	☐
3. Meriem aime bien avoir deux cultures.	☐	☐	☐
4. Les gens demandent toujours à Philippe d'où il vient parce qu'il est d'origine maghrébine.	☐	☐	☐
5. Philippe se sent plutôt européen.	☐	☐	☐
6. Les symboles nationaux sont importants pour les quatre jeunes.	☐	☐	☐
7. Philippe trouve que la Marseillaise est démodée mais nécessaire.	☐	☐	☐

b *Transpose ce tableau dans ton cahier, réécoute le débat, puis note les informations.*

	âge	école	origines	se sent français parce que/qu'…
Alice	…	…	…	…
Julien	…	…	…	…
Meriem	…	…	…	…
Philippe	…	…	…	…

c *Réponds aux questions suivantes dans ton cahier. Tu peux réécouter le débat si nécessaire.*

1. Pourquoi est-ce que les parents d'Alice se sentent fiers d'être Bretons?
2. Pourquoi est-ce que Meriem fait souvent des allers-retours[3] dans le pays de ses parents?
3. Pourquoi l'animateur demande-t-il à Meriem si «on peut avoir un cœur ici et là-bas»?
4. Pourquoi Philippe est-il en colère quand on lui demande d'où il vient?
5. Quel est l'avantage de l'Europe d'après Philippe?
6. Pourquoi Julien dit-il «l'égalité et la fraternité – bof, ça ne me dit pas grand-chose!»

---

1 une devise [yndəviz] ein Leitspruch – **2 une valeur** [ynvalœʀ] ein Wert – **3 un aller-retour** [ɛ̃naleʀətuʀ] *hier:* ein Hin- und Rückflug

GRAMMAIRE C2

2 Musique dans le métro parisien → § 21

*Lis le texte, puis mets les parties soulignées au passif.
Attention: par ou de? Ecris les phrases dans ton cahier.*

TIPP
Zu diesem Grammatikparagrafen findest du auf der CD **drei weitere Aufgaben**!

1. A Paris, il y a <u>un endroit que les musiciens et les chanteurs amateurs adorent</u>: ce sont les couloirs¹ du métro!
2. Mais <u>la direction de la RATP² n'autorisent³ pas tous les musiciens</u> à y chanter ou à y jouer.
3. En effet, <u>la RATP ne donnera l'autorisation aux musiciens et aux chanteurs</u> qu'après une audition⁴ à laquelle participent environ 1000 groupes et qui a lieu tous les six mois.
4. Cette année, <u>le jury a choisi 300 musiciens et chanteurs</u>.
5. <u>On donnera un badge⁵</u> à ces chanteurs leur permettant de chanter et de jouer dans les couloirs du métro sans avoir de problèmes.
6. «Le métro, c'est la plus grande scène de France» explique un musicien, «avec quatre millions de voyageurs par jour!» Et <u>les voyageurs aiment bien ces groupes</u> qui présentent toutes sortes de genres⁶ de musique!

3 Un petit job → § 22

a *Leïla cherche un petit job. Elle écrit son annonce mais elle est beaucoup trop longue.
Aide-la en mettant des **participes présent** là où c'est possible. Récris l'annonce dans ton cahier.*

b *Elle reçoit une réponse. Transforme les phrases quand c'est possible avec **qui, comme** ou **parce que**.
Ecris la réponse dans ton cahier.*

> Je suis une jeune fille de 16 ans qui cherche à faire du baby-sitting.
> Je suis quelqu'un qui a beaucoup de patience, qui aime raconter des histoires, qui sait jouer à toutes sortes de jeux et surtout, qui adore les enfants! Comme j'ai beaucoup d'expériences, je prends 7 euros de l'heure!
> Ecrire à: leïla16@net.fr

A:	leïla16@net.fr
De:	amelie_gauthier@wanadoo.fr
Obj.:	Votre annonce

Mademoiselle,
Nous nous intéressons beaucoup à votre annonce. Sachant que vous avez de l'expérience, nous aimerions vous faire garder⁷ nos jumelles⁸ de 7 ans (voir photo). Ce sont des enfants ayant beaucoup d'énergie, bougeant sans cesse⁹ et faisant beaucoup de sport. Nous voudrions les faire garder tout l'été mon mari et moi, car, travaillant beaucoup, nous n'avons pas le temps de les aider à dépenser¹⁰ cette énergie. Espérant que vous êtes encore intéressée, nous aimerions vous rencontrer.
Voici notre numéro de téléphone: 04 56 78 95 00.

Bien à vous,
Amélie Gauthier

---

1 **un couloir** [kulwaʀ] ein Korridor – 2 **la RATP** [laɛʀatepe] *Pariser ÖPNV* – 3 **autoriser qn à faire qc** [otoʀize] jdm. erlauben, etw. zu tun – 4 **une audition** [ynodisjɔ̃] *hier:* ein Vorspielen – 5 **un badge** [ɛ̃badʒ] eine Plakette – 6 **un genre de musique** [ɛ̃ʒɑ̃ʀdəmyzik] eine Musikrichtung – 7 **garder** [gaʀde] aufpassen auf – 8 **des jumelles** [deʒymɛl] weibl. Zwillinge – 9 **bouger sans cesse** [buʒesɑ̃sɛs] herumzappeln – 10 **dépenser** [depɑ̃ze] *hier:* verbrauchen

C2 GRAMMAIRE

4 Au tableau d'affichage → § 22

*Lis les notes qui se trouvent au tableau d'affichage de l'université. Remplace les **participes présents** par des **phrases subordonnées** dans ton cahier.*

> **TIPP**
> Übersetze zunächst diese Sätze ins Deutsche und mache dir dabei klar, dass man mit dem *Participe présent* **Relativsätze** und **Kausalsätze verkürzen** kann:
> 1) *Une jeune fille **cherchant** un petit job répond à une annonce.*
> 2) ***Cherchant** un petit job, une jeune fille répond à une annonce.*
> Warte nach dem Lösen der Übung zwei Tage und verwandle dann die Sätze zurück.

1) _____

2) _____

Atchoum: Etant malade, Mme Durand ne pourra pas donner son cours le 20 mars.

Bavarde: Etudiante anglaise désirant s'entraîner en français cherche des «interlocuteurs[1]».

Pulls: N'ayant pas l'habitude de l'hiver lillois[2], je voudrais acheter des vêtements chauds à un prix intéressant.

Larissa: Jeune femme sachant le russe cherche un travail d'interprète dans une entreprise locale[3].

Occasion: Ayant acheté un nouvel PC portable, je vends mon vieil ordinateur qui est encore très performant[4].

Au secours: Rentrée à Marseille, j'ai remarqué que quelqu'un doit avoir pris ma clé USB[5]. Rendez-la-moi, s. v. p.

5 Je danse les danses bretonnes! → § 23

Gwenaëlle danse les danses bretonnes depuis qu'elle est toute petite. Lis comment sa passion a commencé.

*Lis les phrases. Mets les verbes entre parenthèses au **passé composé**.*

> **TIPP**
> Das *Participe passé* der reflexiven Verben wird im *Passé composé* **nicht** verändert, wenn **danach ein direktes Objekt folgt**:
> *se laver →   Elle s'est lavée.*
> **Aber:**   *Elle s'est lavé les mains.*

Je (s'intéresser) _____ aux danses bretonnes très tôt!

A trois ans, je (se balader) _____ au milieu des danseurs pendant les fêtes pour faire comme eux. Comme ma mère a vu que

je m'intéressais à cette danse, elle (se renseigner) _____

pour me trouver des cours. J'ai commencé les cours à sept ans et je (se sentir) _____

tout de suite comme un poisson dans l'eau! Puis, plus tard, je (se retrouver) _____
dans les concours de danse de ma région avec plein d'autres danseurs comme moi. Pour pouvoir participer aux

concours, je (s'acheter) _____ un costume traditionnel. C'était cher, mais c'était
nécessaire! Après, ma passion est devenue mon travail: je suis danseuse professionnelle dans les bals, les fêtes

de village ou de famille. Un jour, pendant une fête, mon futur mari et moi, nous (se rencontrer) _____

_____. On (se débrouiller) _____ pour se revoir,

on (s'envoyer) _____ des lettres, on (se téléphoner) _____

et puis un beau jour, on (se marier) _____! Ça fait aujourd'hui quinze ans qu'on
danse ensemble des danses bretonnes …

---

1 un interlocuteur [ɛ̃ntɛʀlɔkytœʀ] ein Gesprächspartner – **2 lillois(e)** [lilwa,-az] *die Stadt Lille betreffend* – **3 local(e)** [lɔkal] örtlich – **4 performant(e)** [pɛʀfɔʀmɑ̃,-ɑ̃t] leistungsfähig – **5 une clé USB** [ynkleyɛsbe] ein USB-Stick

68

GRAMMAIRE / VOCABULAIRE C2

6 Emma à Paris → § 23

*Lis les phrases. Puis, complète le texte en ajoutant les bonnes **terminaisons** là où il le faut.*

Emma raconte: – Pendant les grandes vacances, je suis allé____ à Paris avec ma copine Cécile. Dans une jolie boutique que nous avons trouvé____ au Boulevard Saint-Michel, nous nous sommes acheté____ des vêtements branchés. Le soir, nous sommes sorti____. A Montmartre, deux garçons se sont adressé____ à nous. Ils s'étaient perdu____ et ils nous ont demandé____ de les aider. Ensemble, nous avons pris____ le funiculaire[1] et nous sommes descendu____ en ville. Les garçons nous ont offert____ des glaces et nous les avons accepté____, bien sûr. Ce soir-là, nous nous sommes bien amusé____, Cécile et moi.

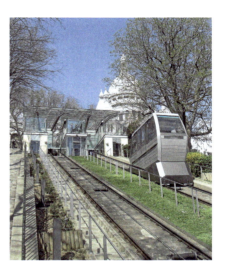

7 Pour ou contre le retour des ours?

Voici une liste d'arguments pour et contre l'arrivée d'ours de Slovénie en France. Lis la liste et remplace le mot/l'expression souligné(e) par un nouveau mot/une nouvelle expression de cette leçon.

TIPP
Zum Thema „Bären" findest du auch eine **Mediationsaufgabe** auf der CD. Ebenso findest du noch weitere Übungen zum **neuen Vokabular**!

pour	contre
1. Ils <u>sont de moins en moins</u> = Ils **d**_____ alors il faut les sauver. 2. Si on ne les fait pas revenir et si on ne les aide pas, alors, ils ne vont pas <u>réussir à vivre encore longtemps</u> = ils ne vont pas **s**_____. 3. Si on ne sauve pas les différentes <u>sortes</u> = les différentes **r**_____ d'animaux, bientôt, il n'y aura plus un seul animal <u>qui vit dans la nature</u> = un seul animal **s**_____.	1. Ils <u>font</u> = Ils **c**_____ des problèmes. 2. Ils mangent <u>les groupes d'animaux</u> = Ils mangent les **t**_____. 3. Les ourses sont <u>violentes</u> = Les ours sont **a**_____ quand elles ont des petits. 4. Il faut être très <u>réfléchi</u> = Il faut être très **p**_____, sinon, les ours attaquent!

8 Raisonner par analogie[2]

Regarde bien les exemples. Trouve les mots qui correspondent par analogie. Ecris-les dans ton cahier.

1. force → fort; l'air → …
2. élevé → élever; bas → …
3. amour → aimer; relation → …
4. regarder → (télé)spectateur; parler → …
5. cuisinier → préparer le repas; professeur → …
6. manifestation → manifester; surprise → …

---
1 **un funiculaire** [fynikylɛʁ] eine Seilbahn –
2 **raisonner par analogie** [ʁɛzɔneparanalɔʒi] schlussfolgern

9 «Rouge métro»

a Lis les deux extraits d'un roman de Claudine Galea dans lequel elle raconte l'histoire de Cerise, une jeune fille de 15 ans, qui vit un drame dans le métro. Elle a l'habitude de le prendre tous les jours mais un jour, dans la rame¹ de métro, un sans-abri² perd le contrôle de soi et tue un voyageur avant de se donner la mort.

TIPP
Du musst nicht jedes Wort verstehen: unterstreiche beim Lesen die wichtigsten Informationen. Im „Notfall" kannst du auf die Vokabelliste auf der CD zurückgreifen.

Extrait 1: Cerise

Lundi. Lundi 19.
Il faisait trente-cinq degrés centigrades à Paris. Quand je me suis engouffrée dans le métro à République, la chaleur m'a prise à la gorge.
5 C'était le lundi où je prenais le métro à République. Je faisais Répu-Mairie de Montreuil.
J'allais au collège à Montreuil. C'était ma dernière année. L'an prochain, j'irai au lycée. Avec ma mère, j'habitais Montreuil, avec mon père à côté de la
10 place de la République. Une semaine sur deux. Ça faisait quatre ans que ça durait. Depuis l'entrée en sixième. Mon père voulait que j'aille au collège à Paris,
moi je voulais rester avec Clara. J'avais gagné.
15 Avec le divorce, mes parents ne pouvaient rien me refuser. Ma mère flippait que je prenne le métro toute seule à onze ans. Moi non. Enfin, c'était ce que je disais. En réalité je crevais de peur. Peur de me tromper. Peur de la foule aux heures de pointe.
20 J'avais la trouille de disparaître. Je me sentais atrocement petite. Alors je choisissais quelqu'un et je ne le quittais pas des yeux. Si la personne descendait avant moi, j'en choisissais une autre aussitôt. C'est comme ça que ça a commencé. J'ai écouté ce que
25 les gens disaient. Je n'étais pas toute seule dans le métro, j'étais toujour avec quelqu'un qui me parlait. C'est un jeu que j'ai adoré. Les semaines où j'étais à Montreuil, le métro me manquait. C'est comme ça que j'ai commencé à rater les stations. A descendre
30 trop tôt ou trop tard. J'étais tellement concentrée sur ce que racontaient les gens assis à côté de moi que je suivais tous leurs mouvements. Parfois je me retrouvais dans la rue avant d'avoir compris ce qui se passait! Je redégringolais à toute vitesse les esca-
35 liers et je me marrais.
Le soir, mon père rentrait plus tard que moi, j'en profitais. A Répu, plusieurs lignes se croisent, comme destination j'avais le choix entre Place d'Italie, Bobigny, Mairie des Lilas, Châtelet, Pont
40 de Sèvres, Montreuil, Pont de Levallois, Galliéni, Créteil, Balard.
Mais je n'aimais pas décider, c'était toujours mieux quand le hasard me guidait. Quand j'avais l'impression d'avoir été choisie.
45 Ce jour-là, lundi, lundi 19 juin, j'ai été choisie?

Extrait 2: le sans-abri

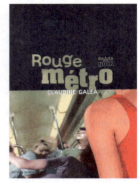

Messieurs dames, c'est le début de la semaine, le lundi matin, personne n'a envie de recommencer à travailler, moi je n'ai pas 50
besoin de me poser la question, du travail j'en ai pas, ça fait deux ans que j'en ai pas, semaine ou week-end pour moi c'est pareil, j'ai les 55
mêmes problèmes tous les jours, me nourrir, me laver trouver un coin où dormir ne pas me faire piquer les affaires qui me restent, […], ma paire de chaussures et la carte téléphonique qu'une dame, une dame comme vous dans le métro, 60
m'a donnée la semaine dernière, avec la carte je peux appeler ma mère, ma mère se fait du souci pour moi, elle est handicapée et elle est dans une maison ma mère, je ne vais pas la visiter parce que je ne veux pas qu'elle me voie dans l'état où je suis parce que 65
l'été c'est bien messieurs dames de dormir dehors mais avec la chaleur on sent plus vite mauvais et les douches publiques ça coûte de l'argent, […], on choisit pas de puer messieurs dames, on choisit pas de mendier, ça fait deux ans presque jour pour jour 70
que je me suis retrouvé dans la rue, […], maintenant je suis plus nulle part, je ne suis plus rien du tout, pour le RMI il faut une adresse et j'en ai pas, l'été c'est trompeur messieurs dames, l'été vous croyez toujours que ça va s'arranger, que tout va aller mieux et puis 75
[…] l'été ça pardonne pas, messieurs dames […] l'été la rue c'est l'enfer messieurs dames […] je hais l'été messieurs dames et ça ne fait que commencer, avant le week-end c'était encore l'hiver, et maintenant c'est l'été, […], cette nuit ils nous ont chassés du parc où 80
on dormait, y a que dans les parcs qu'il y a des arbres et de l'eau […] je crains l'été je le crains comme la peste, les pestiférés c'est nous, vous allez nous fuir encore plus que d'habitude, […], l'été les gens donnent moins, les gens nous prennent encore moins au 85
sérieux, ils pensent que c'est plus facile, alors que c'est le contraire messieurs dames, l'été c'est l'enfer messieurs dames, l'enfer.

Rouge métro, Claudine Galea
© Editions du Rouergue, 2007

---

1 une rame [ynʀam] *hier:* ein Metrowagen – **2 un sans-abri** [ɛ̃sɑ̃zabʀi] ein Obdachloser

Qu'est-ce que tu sais des personnes qui parlent? Coche la bonne réponse.

Extrait 1: C'est une jeune fille qui …		**Extrait 2:** C'est un homme qui …	
a) est en classe de troisième et qui habite à Montreuil et à République dans Paris.	☐	a) vit dans la rue et qui demande du travail aux gens dans le métro.	☐
b) va entrer au lycée et qui n'aime pas prendre le métro.	☐	b) vit dans la rue et qui raconte sa vie aux gens dans le métro pour recevoir un peu d'argent.	☐
c) adore prendre le métro et qui va au collège place de la République à Paris.	☐	c) cherche un endroit où manger et où dormir et qui demande aux gens dans le métro.	☐

b *Relis les extraits et coche les bonnes réponses.*

Extrait 1	vrai	faux
1. Cerise vit une semaine chez sa mère et une semaine chez son père.	☐	☐
2. Elle va au collège mais l'année prochaine, elle entrera au lycée.	☐	☐
3. Elle a commencé à prendre le métro seule à douze ans.	☐	☐
4. Au début, c'était un problème pour elle de prendre le métro seule.	☐	☐
5. Aujourd'hui, elle connaît bien les stations de métro.	☐	☐
6. Elle fait les allers-retours maison-collège et elle rentre vite à la maison.	☐	☐
Extrait 2		
1. L'homme vit dans cette situation difficile depuis deux ans.	☐	☐
2. Tous les jours, il ne sait pas quoi manger, où se laver, où dormir.	☐	☐
3. La seule chose qui lui reste, c'est une paire de chaussures.	☐	☐
4. Il ne peut pas aller voir sa mère car il n'a pas d'argent.	☐	☐
5. L'été, la vie est bien plus difficile dans la rue qu'on ne le croit.	☐	☐
6. L'été, les gens donnent plus d'argent aux sans-abris que l'hiver.	☐	☐

c *Réponds aux questions suivantes dans ton cahier.*

Extrait 1
1. Pourquoi est-ce que Cerise doit faire tout ce chemin pour aller au collège?
2. Pourquoi est-ce qu'elle n'a pas voulu aller dans un collège à Paris?
3. Comment est-ce qu'elle a fait pour lutter contre sa peur de prendre le métro seule au début? Et après?
4. Pourquoi est-ce qu'elle aime maintenant rester dans le métro?
5. Pourquoi est-ce qu'elle dit que dans le métro, «*c'était toujours mieux quand le hasard me guidait*»?

Extrait 2
1. Pourquoi est-ce que l'homme dit que la semaine ou le week-end, pour lui, c'est la même chose?
2. Pourquoi est-ce qu'il ne va pas voir sa mère?
3. Qu'est ce que cela lui fait de devoir demander de l'aide aux gens dans le métro?
4. Pourquoi est-ce qu'il dit: «*On ne choisit pas de puer messieurs dames*»?
5. Pourquoi est-ce que l'été lui cause des problèmes?

C2 ECRIRE / SAVOIR FAIRE / MEDIATION

 d *Ecris une discussion entre toi et une autre personne. Vous discutez de la situation des SDF[1]. Ton ami(e) a des préjugés sur eux et pense que ce sont avant tout des paresseux[2]. Toi, tu les défends et expliques leur situation en t'aidant des informations qu'il y a dans l'extrait 2. Si tu écris la discussion quelques jours après avoir fait les parties a–c, tu devrais d'abord relire les deux extraits.*

 Alternative
Travaillez en groupes et organisez un débat:
groupe 1: défendre la situation des SDF;
groupe 2: contre les SDF;
groupe 3: un vendeur colporteur[3] du magazine «Macadam»;
groupe 4: un médiateur/une médiatrice.
Servez-vous des stratégies de votre livre, page 69.

10 Rendre en allemand: Le Petit Nicolas au cinéma

Dans le journal Okapi, tu as trouvé un article sur le Petit Nicolas, le personnage de Sempé et de Goscinny, sur lequel on a fait un film. Ton père qui ne parle pas français voit ce que tu lis et te demande de lui expliquer qui c'est. Lis l'article et résume-le (dans ton cahier) pour ton père.

Prépare-toi, il débarque: il débarque le 30 septembre sur grand écran, avec tout son petit monde. Tes parents et toi, c'est sûr, vous allez succomber au charme de ce petit garçon des années 1950 ... Chouette!

Le Petit Nicolas, c'est un enfant super chouette. Il a 8 ans, il est mignon et il trouve tout «chouette». C'est pour ça qu'on l'adore, le petit Nicolas! Il voit tout à sa hauteur, ce qui fait bien rire les grands. Son monde se résume à son papa, sa maman, l'école, la maîtresse, les copains ... Et quand un grain de sable s'y glisse, il prend des proportions incroyables. Son irrésistible tendance à exagérer l'amène à imaginer par exemple, que ses parents vont l'abandonner dans la forêt ... Pourtant ses réflexions naïves sont souvent pleines de bon sens. Son regard d'enfant sur le monde des adultes fait mouche[3], qu'on soit grand ou petit!

Le Petit Nicolas, c'est la vie de tous les jours. «Est-ce que Edwige voudra bien jouer avec moi? Papa obtiendra-t-il son augmentation? Combien je vais avoir en maths? ...» Les problèmes du petit Nicolas, tu les connais: tu as les mêmes, ou presque. Ils sont simples et universels: les parents jamais contents, les résultats scolaires, etc. Et comme pour toi, ses aventures se déroulent au coin de la rue.

Le Petit Nicolas, c'est un film familial très drôle. Bien sûr, tu auras du mal à t'identifier au jeune héros. Il a 8 ans et vit dans les années 50.
Or, tu n'es plus un enfant naïf ... Ainsi, tu vas pouvoir capter le second degré du film! Et puis la fameuse galerie d'acteurs risque fort de te plaire: Kad Merad, Valérie Lemercier, François-Xavier Demaison ... Quant aux[4] gags, ils sont tout simplement hilarants. Il te reste quelques jours avant de lire Le Petit Nicolas. Après, ce sera trop tard, les images du film prendront le pas dans ton imaginaire. Alors, un conseil: ne te prive pas des mots et de l'univers savoureux de Sempé et Goscinny!

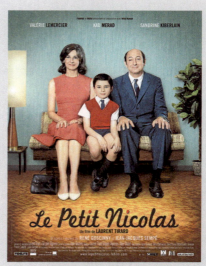

© Okapi, Bayard Jeunesse, 2009

---

1 un SDF (Sans Domicile Fixe) [ɛnɛsdɛf] = un sans-abri – **2 un paresseux** [ɛpaʀɛsø] ein Faulenzer – **2 un vendeur colporteur** [ɛ̃vɑ̃dœʀkɔlpɔʀtœʀ] ein Straßenverkäufer – **3 faire mouche** [fɛʀmuʃ] ins Schwarze treffen – **4 quant à ...** [kɑ̃ta] was ... betrifft

INTERRO **C2**

12 Pkte.

1 **Ecouter: «Anne ici ...»**

Dans son roman «Anne ici – Sélima là-bas», Marie Féraud
raconte l'intégration d'une jeune fille d'origine algérienne
dans la société française.

a *Ecoute le texte, puis coche le bon résumé ①, ② ou ③.*

a-Teil
1 Pkt.

① Une fille habite à Pierrefont
avec ses parents et son cousin
Djawed. Elle rêve de se marier
à un Français pour bien
s'intégrer[1], mais ses parents
sont contre. ☐

② Une fille habite à Pierrefont,
une cité où il y a beaucoup
d'immigrés[2] arabes, avec ses
parents et ses frères. Elle est très
ambitieuse et va aller au lycée
l'année prochaine. ☐

③ Une fille habite à Pierrefont,
une cité où il y a beaucoup
d'immigrés au chômage. Son père
fait des heures supplémentaires
parce que la famille est très
pauvre et sa mère Sélima est
morte. ☐

b *Avant de réécouter le texte, trouve les mots qui vont ensemble en écrivant
le chiffre (1–14) dans la bonne case (a– n).*

b-Teil
3 Pkte.

écraser	**a**	*8*	**1** mündlich	hésiter	**h**		**8** plattmachen *(ugs.)*
sauver	**b**		**2** beschimpfen	un voyou	**i**	*3*	**9** retten
consciencieux(-se)	**c**		**3** ein Gauner	oral	**j**		**10** brav
sage	**d**		**4** zerstören	le chômage	**k**		**11** seufzen
un lèche-bottes *(fam.)*	**e**		**5** Wut	insulter	**l**		**12** ein Schleimer *(ugs.)*
protéger	**f**		**6** retten	démolir	**m**		**13** beschützen
soupirer	**g**		**7** gewissenhaft	la rage	**n**		**14** die Arbeitslosigkeit

c *Réécoute l'histoire, puis coche la bonne réponse et complète les phrases 7. et 8. dans ton cahier.*

c-Teil
8 Pkte.

1. Le vrai nom de la fille, c'est	**4.** Son père
a) Anne. ☐	a) pense qu'une fille doit se marier à seize ans. ☐
b) Sélima. ☐	b) est très fier d'elle. ☐
c) Martine. ☐	c) lui paie des leçons particulières[3]. ☐
2. Ella a	**5.** Sa mère
a) 10 ans. ☐	a) est fière d'elle. ☐
b) 16 ans. ☐	b) se méfie d'elle car elle est trop ambitieuse. ☐
c) 20 ans. ☐	c) préfère que ses fils passent le bac. ☐
3. A l'école, elle	**6.** Djawed
a) travaille bien. ☐	a) est amoureux de la fille. ☐
b) doit redoubler car elle parle mal le français. ☐	b) a détruit une voiture. ☐
c) ne va pas à l'école car elle est handicapée. ☐	c) fait peur à la fille en la traitant de «sale traître»[4]. ☐

7. Djawed est en colère contre la fille car …
8. Je pense que la fille ment à sa camarade quand celle-ci lui demande comment elle s'appelle car …

————
1 s'intégrer à [sɛ̃tegʀe] sich integrieren – **2 un immigré** [ɛ̃nimigʀe] ein Einwanderer – **3 une leçon particulière** [ynləsõpaʀtikyljɛʀ]
eine Privatstunde *(Nachhilfe)* – **4 un traître** [ɛ̃tʀɛtʀ] ein Verräter

73

C2 INTERRO

2 Lire: «Sélima là-bas»

Après un voyage de 45 minutes en avion, la fille arrive à Alger[1] pour rendre visite à sa famille.

Lis le texte suivant, puis complète les phrases 1.–5.

la casbah d'Alger

[…] mon oncle Ferhat […] et mon cousin Kamel […] étaient étonnés parce que j'avais appris par cœur le plan de la vieille ville […]. J'aurais voulu toucher les pierres, goûter à tout. J'ai traversé la casbah à tous les sens. J'ai monté et descendu des centaines d'escaliers. Quand l'oncle Ferhat voulait me ramener vers la ville moderne, je demandais de la casbah. Quand on m'entraînait[2], par exemple, vers l'hôtel Aurassi – un truc ultra-moderne et super luxueux – je réclamais[3] le vieux port turc et ses mosquées … […] Je n'ai pas osé[4] dire que la ville européenne m'ennuie. C'est presque les mêmes rues, les mêmes maisons qu'à Marseille. Sans intérêt. Ce n'est pas ça que je suis venue chercher. […]
Je me souviens parfaitement que le jour de mon arrivée, j'avais tout de suite imaginé que la meilleure façon de faire la connaissance du pays, serait de rencontrer des tas de gens différents, de ne pas rester au strict voisinage de la famille et du quartier. La visite des monuments historiques, traditionnels ou modernes, je la laisserais aux vrais touristes … […] J'ai enfin compris pourquoi Kamel me fuyait, pourquoi il sortait d'une porte quand j'entrais par une autre, pourquoi il «oubliait» toujours quelque chose quand on se trouvait seuls tous les deux.
[…] C'est pour ça que je l'ai provoqué. […] Je ne sais pas ce qui m'a poussée.

[…] – Kamel va m'emmener en ville un de ces jours. Il va me faire connaître des tas de gens. C'est moi qui le lui ai demandé et il est d'accord, n'est-ce pas Kamel? C'est fou ce qu'un silence peut crier! […] Pas un mot, pas une exclamation! J'ai vu Kamel repousser sa chaise, se lever, se diriger vers la porte. Elle s'est fermée derrière lui et, pendant deux longues minutes, personne n'a bougé. […] Puis tante Zara m'a entraînée dans ma chambre. Je lui répétais:
– Je ne comprends pas … Mais qu'est-ce que j'ai dit de mal, tante Zara, qu'est-ce qui se passe? […]
– Ça ne se fait pas, petite, Kamel n'aurait pas dû te promettre de sortir seule avec lui sans en parler à son père … De toute façon, son père n'aurait pas accepté … […] Vous ne pensiez pas à mal, mais il sait qu'une jeune fille ne sort pas seule avec un garçon sans être accompagnée … Même si le garçon est son cousin … Surtout si c'est son cousin.
Ce sont des choses qui ne se font pas.
Elle répétait une leçon apprise par cœur depuis des siècles. Est-ce que j'étais venue pour apprendre, moi aussi, ce genre de leçon? Est-ce que j'étais vraiment prête, à tout accepter pour qu'on m'accepte, moi?
A un moment elle m'a dit:
– … On n'est pas en France ici!

Extrait *Anne ici – Sélima là-bas* de Marie Féraud et Wolfgang Ader © Casterman

1. En visitant la ville, la fille s'intéresse surtout à _____.

2. Son oncle est surpris parce qu' _____.

3. La fille trouve son cousin Kamel bizarre parce qu' _____.

4. La fille choque[5] la famille en disant que _____.

5. Sa tante lui explique qu' _____.

3 Ecrire: «Anne ici – Sélima là-bas»

Après avoir réécouté l'exercice 1 et relu le texte de l'exercice 2, explique le titre du roman, puis dis comment tu imagines la fin de l'histoire (environ 200 mots dans ton cahier).

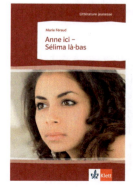

---

1 Alger [alʒe] Algier – **2 entraîner qn** [ɑ̃tʀene] jdn. mitschleppen – **3 réclamer qc** [ʀeklame] etw. fordern – **4 oser faire qc** [oze] sich trauen, etw. zu tun – **5 choquer qn** [ʃɔke] jdn. schockieren

4 Médiation: Paris-plage

Bei „SPIEGEL ONLINE" hast du diesen Artikel über „Paris-plage" gefunden und schickst ihn per E-Mail deiner Brieffreundin nach Quebec. Du fasst ihr die wichtigsten Informationen auf Französisch zusammen, denn sonst hat sie leider nicht viel von dem Artikel …

Touristen am Pariser Stadtrand:
Palmen statt PS

Paris-Plage: Mutter aller Stadtstrände
Palmen, Liegestühle, Sonnenschirme und ein Schwimmbad, und das mitten in Paris. Zum dritten Mal in Folge erstreckt sich für kurze Zeit ein kilometerlanger Sandstrand entlang des rechten Seine-Ufers, initiiert vom sozialistischen Bürgermeister für die Daheimgebliebenen, die sich sonst keinen Urlaub unter Palmen leisten können.

Paris – Ab Mittwoch verwandelt sich die Schnellstraße Georges Pompidou im Herzen von Paris für vier Wochen wieder in einen Stadtstrand: Auf einer Länge von 3,5 Kilometern können Pariser und Touristen gegenüber der Ile-de-la-Cité von Autos unbehelligt an der „Seine-Riviera" flanieren, Beach-Volleyball spielen, picknicken oder Freiluftkonzerte besuchen.
Das 2001 vom sozialistischen Bürgermeister Bertrand Delanoë ins Leben gerufene Happening ist so etwas wie die Mutter der Stadtstrände geworden. Nachahmer gibt es inzwischen in ganz Europa, auch in zahlreichen deutschen Städten wie Berlin und Hamburg wird im Sommer tonnenweise Sand auf den Asphalt geschüttet.

Nach schleppendem Beginn ist „Paris-Plage" mittlerweile ein Riesenerfolg: Drei Millionen Besucher strömten im letzten Jahr auf die Uferpromeade, die sonst den Autofahrern vorbehalten ist. […]

Zwei Millionen Euro kostet das Spektakel in diesem Jahr, 1,4 Millionen Euro davon zahlen Sponsoren. Dafür können die Pariser an ihrem Strand auch erstmals baden, aber nur in einem 220-Kubikmeter-Becken und nicht im trotz aller vollmundigen Versprechen des einstigen Bürgermeisters Jacques Chirac noch immer zu dreckigen Fluss.
Drei Strände, 200 Sonnenschirme, 40 Hängematten, sieben Brunnen mit Trinkwasser und vier mehr als 20 Meter lange Wasserzerstäuber sollen bei den endlich vorhergesagten sommerlichen Temperaturen für Abkühlung und Entspanung sorgen. Zahlreiche Sportaktivitäten werden angeboten, vom Klettern bis zum Boules-Spielen. Bürgermeister Delanoë will, dass Junge und Alte sich bei „Paris-Plage" gleichermaßen wohl fühlen.

SPIEGEL ONLINE – 21. Juli 2004
URL: http://www.spiegel.de/reise/staedte/0,1518,309742,00.html

_____
_____
_____
_____
_____
_____
_____
_____
_____

(Hinweis: Wenn du alle 4 Aufgaben machst, kannst du 35 Punkte erreichen.)

C3 ECOUTER

A la carte 3 · Voyage à travers les siècles

 1 «Quelle personnalité française célèbre préférez-vous?»

Sophie Galland, animatrice sur «Radio Société», présente aujourd'hui une émission en direct dans laquelle elle interviewe des gens dans la rue sur les personnalités françaises qu'ils trouvent importantes pour la société.

a Ecoute l'émission. Note derrière chaque personne interviewée la personnalité qu'elle a choisie (**A–E**) et sa profession[1] (**I–V**).

personnes interviewées	personnalités	profession
1. la dame _____	A Zidane	I écrivain(e)/philosophe
2. le 1er monsieur _____	B Charles de Gaulle	II homme d'Eglise
3. le jeune homme _____	C l'abbé Pierre	III physicien(ne)
4. le 2e monsieur _____	D Marie Curie	IV homme/femme politique
5. le jeune garçon _____	E Voltaire	V joueur/joueuse de football

b Ecoute l'émission en séquences (**S 1– S 5**), puis encore une fois entièrement. Ensuite, coche la/les bonne(s) réponse(s).

S 1 La dame a choisi cette personnalité parce qu'elle
a) représente un symbole de la tolérance. ☐
b) a lutté[2] pour les valeurs[3] démocratiques. ☐
c) a aidé les pauvres. ☐

S 2 Charles de Gaulle est connu parce qu'il
a) était prisonnier pendant la guerre. ☐
b) a organisé la Résistance pendant la guerre. ☐
c) a refusé de serrer la main à Konrad Adenauer. ☐

S 3 L'homme choisi par le jeune homme
a) était un homme simple qui a aidé les pauvres. ☐
b) est une personnalité du monde de la musique. ☐
c) a passé 60 ans de sa vie à aider les autres. ☐

S 4 Le 2e monsieur s'intéresse
a) à la médecine. ☐
b) à une grande physicienne d'origine polonaise. ☐
c) aux maladies. ☐

S 5 Le jeune garçon aime
a) la musique hip-hop. ☐
b) l'Algérie. ☐
c) le foot. ☐

S 5 La personnalité qu'il a choisie
a) vient d'Albanie. ☐
b) a eu une belle carrière terminée aujourd'hui. ☐
c) aide les jeunes et les pauvres. ☐

 c Si les personnalités dont il est question dans l'exercice t'intéressent, choisis-en une et prépare une présentation. Fais des recherches sur Internet/dans d'autres médias et trouve des informations supplémentaires. Tu peux présenter les informations que tu as trouvées par exemple devant tes ami(e)s (environ 5 minutes).

 d Donne une personnalité allemande de ton choix et explique par écrit en français dans ton cahier pourquoi elle est importante pour toi et ce qu'elle a de particulier.

1 une profession [ynpʀɔfesjɔ̃] un métier – **2 lutter pour qc** [lyte] für etw. kämpfen – **3 une valeur** [ynvalœʀ] ein Wert

GRAMMAIRE / VOCABULAIRE / CONNAITRE LA FRANCE — C3

2 Tant d'argent dépensé … → § 24

*Complète le dialogue en te servant des adverbes
« tant, tant de, tant que, autant de, autant que, aussi ».*

TIPP
„aussi" steht immer **vor Adjektiven** und drückt Gleichheit aus.

1. **Mère:** – Encore des t-shirts? Tu en as _____ acheté _____ tu n'as plus de place dans ton armoire. Pourquoi est-ce que tu dépenses _____ argent pour des fringues, Marie? 2. **Marie:** – Parce que j'aime _____ la mode et je veux avoir _____ vêtements branchés _____ mes copines. C'est important pour être accepté par les autres. 3. **Mère:** – Crois-moi, tout ça n'a pas _____ importance. Regarde ton frère: il n'a que trois jeans mais _____ amis _____ toi.
4. **Marie:** – Je sais pourquoi il est _____ populaire _____ moi. Ses amis, ils ont _____ besoin _____ lui pour réparer leurs ordinateurs et leurs vélos qu'ils ne regardent pas _____ ses vêtements. Et en plus, il est _____ fauché¹ _____ moi parce qu'il achète _____ CD-ROM et _____ trucs pour son ordi.

3 La Révolution française

*Lis le texte une première fois.
Relis-le et barre le mot faux.*

TIPP
- Der korrekte Text eignet sich auch als **Mediationsübung**! Gib dazu die Fakten auf Deutsch an eine zweite Person weiter.
- Den Text gibt es auch als **C-Test** in zwei Varianten auf der CD!

Dans les années 80 du XVIIIᵉ siècle, la France était une monarchie / République sous le roi Louis XIV / XVI et sa femme Marie-Antoinette / Thérèse, une princesse d'origine espagnole / autrichienne. A la différence d'aujourd'hui, où la grève / démocratie est bien établie en France, on trouvait normal que tous les membres de la communauté / société ne soient pas égaux: seules la famille royale / noblesse et l'Eglise possédaient / obtenaient des privilèges². Mais de près / petit à petit, les bourgeois³ surtout ont commencé à se révolter / résister contre cette injustice⁴. Dès / A partir de 1750, ils avaient admiré / jugé les livres des écrivains / impressionnistes comme Montesquieu / Monet, Rousseau et Voltaire, dont les coups / discours et les idées blessaient / menaçaient l'ordre de l'Etat. On reprochait / chancelait au couple / paire royal de ne pas comprendre la misère⁵ des pauvres qui se révoltaient / faisaient la queue devant les boulangeries, le ventre vide. Tant / Autant de réformes étaient immédiates / indispensables, mais le prix du pain augmentait / divisait, sans que les hommes politiques ne réagissent. C'était donc la faim qui s'est battue / a causé ce mouvement⁶ d'injure / de révolte, la Révolution / République française, qui a commencé avec le cri⁷ «Aux armes, citoyens / alliés» et au cours de⁸ laquelle des milliers d'ennemis / d'échasses des principes de la liberté, de l'égalité et de la fraternité / sommet sont morts sous la guillotine. Cette invention / invitation que le médecin Guillotin avait pris pour assurer⁹ la mort immédiate / indispensable des victimes de la terreur / morale de Maximilien de Bienvenüe / Robespierre a coupé la dernière tête en 1977.
Depuis 1981, la peine de mort¹⁰ n'existe plus en France.

---

1 fauché(e) *(fam.)* [foʃe] pleite *(ugs.)* – **2 des privilèges** *(m.)* [deprivilɛʒ] Sonderrechte – **3 un bourgeois** [ɛ̃burʒwa] ein Bürger – **4 l'injustice** *(f.)* [lɛ̃ʒystis] die Ungerechtigkeit – **5 la misère** [lamizɛr] das Elend – **6 un mouvement** [ɛ̃muvmɑ̃] eine Bewegung – **7 un cri** [ɛ̃kri] ein Schrei – **8 au cours de** [okurdə] im Laufe von – **9 assurer qc** [asyre] etw. garantieren – **10 la peine de mort** [lapɛndəmɔr] die Todesstrafe

C3 LIRE

 «La dernière classe»

Dans son récit «La dernière classe», Alphonse Daudet fait raconter un cours inoubliable par le petit Frantz dans une école alsacienne en 1871.

TIPP
Auf der CD findest du den Text mit **einsprachigen** Worterklärungen (→ PDF).

 Lis le texte, puis coche le bon résumé ①, ② ou ③ sur la page 79.

Ce matin-là j'étais très en retard pour aller à l'école, et j'avais grand-peur d'être grondé[1], d'autant que M. Hamel nous avait dit qu'il nous interrogerait sur les participes, et je n'en savais pas le premier mot. Un moment l'idée me vint de manquer la classe et de prendre ma course à travers champs.
Le temps était si chaud, si clair.
[…] En passant devant la mairie, je vis qu'il y avait du monde arrêté près du petit grillage aux affiches. Depuis deux ans, c'est de là que nous sont venues toutes les mauvaises nouvelles, les batailles[2] perdues, […] et je pensai sans m'arrêter:
«Qu'est-ce qu'il y a encore?» […]
D'ordinaire, au commencement de la classe, il se faisait un grand tapage[3] qu'on entendait jusque dans la rue, les pupitres[4] ouverts, fermés, les leçons qu'on répétait très haut tous ensemble en se bouchant les oreilles pour mieux apprendre, et la grosse règle[5] du maître qui tapait sur les tables:
«Un peu de silence!» Je comptais sur tout ce train pour gagner mon banc sans être vu; mais justement ce jour-là tout était tranquille, comme un matin de dimanche. Par la fenêtre ouverte, je voyais mes camarades déjà rangés à leurs places, et M. Hamel, qui passait et repassait avec la terrible règle en fer sous le bras. Il fallut ouvrir la porte et entrer au milieu de ce grand calme. Vous pensez, si j'étais rouge et si j'avais peur!
Eh bien, non. M. Hamel me regarda sans colère et me dit très doucement: «Va vite à ta place, mon petit Frantz; nous allions commencer sans toi.» […]
Je m'assis tout de suite à mon pupitre. Alors seulement, un peu remis de ma frayeur[6], je remarquai que […] toute la classe avait quelque chose d'extraordinaire et de solennel[7]. Mais ce qui me surprit le plus, ce fut de voir au fond de la salle, sur les bancs qui restaient vides d'habitude, des gens du village assis et silencieux comme nous […]. Tout ce monde-là paraissait triste; […] Pendant que je m'étonnais de tout cela, M. Hamel était monté dans sa chaire[8], et de la même voix douce et grave dont il m'avait reçu, il nous dit: «Mes enfants, c'est la dernière fois que je vous fais la classe. L'ordre est venu de Berlin de ne plus enseigner que l'allemand dans les écoles de l'Alsace et de la Lorraine …
Le nouveau maître arrive demain. Aujourd'hui c'est votre dernière leçon de français. Je vous prie d'être bien attentifs.» Ces quelques paroles me bouleversèrent[9]. Ah! les misérables, voilà ce qu'ils avaient affiché à la mairie.
Ma dernière leçon de français! … Et moi qui savais à peine écrire! Je n'apprendrais donc jamais!
Il faudrait donc en rester là! … […] Mes livres que tout à l'heure encore je trouvais si ennuyeux, si lourds à porter, ma grammaire, mon histoire sainte me semblaient à présent de vieux amis qui me feraient beaucoup de peine à quitter.
[…] maintenant je comprenais pourquoi ces vieux du village étaient venus s'asseoir au bout de la salle. Cela semblait dire qu'ils regrettaient de ne pas y être venus plus souvent, à cette école. C'était aussi comme une façon de remercier notre maître de ses quarante ans de bons services, et de rendre leurs devoirs à la patrie[10] qui s'en allait …
J'en étais là de mes réflexions, quand j'entendis appeler mon nom. C'était mon tour de réciter.
Que n'aurais-je pas donné pour pouvoir dire tout au long cette fameuse règle des participes, bien haut, bien clair, sans une faute; mais je m'embrouillai[11] aux premiers mots, et je restai debout à me balancer dans mon banc, le cœur gros, sans oser lever la tête.
J'entendais M. Hamel qui me parlait:
«Je ne te gronderai pas, mon petit Frantz, tu dois être assez puni[12] … voilà ce que c'est. Tous les jours on e dit: Bah! j'ai bien le temps. J'apprendrai demain. Et puis tu vois ce qui arrive … […]»
Alors d'une chose à l'autre, M. Hamel […] prit une grammaire et nous lut notre leçon. J'étais étonné de voir comme je comprenais. Tout ce qu'il disait me semblait facile, facile. Je crois aussi que je n'avais jamais si bien écouté, et que lui non plus n'avait jamais mis autant de patience à ses explications. On aurait dit qu'avant de s'en aller, le pauvre homme voulait nous donner tout son savoir, nous le faire entrer dans la tête d'un seul coup. La leçon finie, on passa à l'écriture. […] Il fallait voir comme chacun s'appliquait, et quel silence! […] Tout à coup l'horloge de l'église sonna midi, puis l'Angélus. Au même moment, les trompettes des Prussiens qui revenaient de l'exercice éclatèrent sous nos fenêtres …
M. Hamel se leva, tout pâle[13], dans sa chaire. Jamais il ne m'avait paru si grand.
«Mes amis, dit-il, mes amis, je … je … »
Mais quelque chose l'étouffait[14]. Il ne pouvait pas achever[15] sa phrase.
Alors il se tourna vers le tableau, prit un morceau de craie, et, en appuyant[16] de toutes ses forces, il écrivit aussi gros qu'il put:
«VIVE LA FRANCE!»
Puis il resta là, la tête appuyée au mur, et, sans parler, avec sa main il nous faisait signe:
«C'est fini … allez-vous-en.»

(pour les mots annotés: cf. page 79)

Domaine public

LIRE C3

① C'est une cérémonie solennelle à l'école où tous les habitants du village fêtent la retraite du vieux professeur M. Hamel qui a 60 ans. ☐

② C'est le dernier cours de français d'un petit garçon, Frantz, qui est renvoyé de l'école parce qu'il a fait des bêtises. ☐

③ C'est le dernier cours de français dans une école primaire alsacienne où les élèves auront des cours uniquement en allemand dès le lendemain. ☐

b *Relis le texte si nécessaire et coche la bonne réponse.*

	vrai	faux	on ne sait pas
1. Frantz est très mauvais en français.	☐	☐	☐
2. Le professeur est en colère car Frantz arrive en retard.	☐	☐	☐
3. Les élèves font beaucoup de bruit quand Frantz entre dans la salle de classe.	☐	☐	☐
4. Les habitants du village sont là pour savoir si le prof travaille bien.	☐	☐	☐
5. Quand le professeur explique la leçon, tout le monde écoute.	☐	☐	☐
6. Frantz trouve la leçon très facile aujourd'hui.	☐	☐	☐
7. Frantz se promet de mieux travailler quand le nouveau prof sera là.	☐	☐	☐
8. Après le cours, les Prussiens vont arrêter le professeur.	☐	☐	☐

c *Compare par écrit ce qui se passe dans la salle de classe ce jour-là* ① *à ce qui s'y passe normalement pendant une matinée scolaire* ②*.*

 d *Explique ce que le professeur veut dire par la citation suivante. A ton avis, est-ce qu'il a raison? Ecris 150 à 200 mots dans ton cahier.*

«Je ne te gronderai pas, mon petit Frantz, tu dois être assez puni … voilà ce que c'est. Tous les jours, on se dit: Bah! j'ai bien le temps. J'apprendrai demain. Et puis tu vois ce qui arrive … […]»

INFO
Als Folge des verlorenen Krieges gegen Preußen musste Frankreich 1871 das Elsass an Deutschland abtreten, worauf per Dekret Deutsch als Landessprache eingeführt wurde. Nach dem I. Weltkrieg wurde das Elsass wieder französisch.

Alphonse Daudet

---

1 gronder [gʀɔ̃de] ausschimpfen – **2 une bataille** [ybataj] eine Schlacht – **3 un tapage** [ɛ̃tapaʒ] ein Lärm / Getöse – **4 un pupitre** [ɛ̃pypitʀ] ein Pult – **5 une règle** [ynʀɛgl] *hier:* ein Lineal – **6 une frayeur** [ynfʀɛjœʀ] eine Furcht / ein Schreck – **7 solennel(le)** [sɔlanɛl] feierlich – **8 une chaire** [ynʃɛʀ] ein Katheter / Pult – **9 bouleverser qn** [bulvɛʀse] jdn. aus der Fassung bringen – **10 une patrie** [ynpatʀi] ein Vaterland – **11 s'embrouiller** [sɑ̃bʀuje] sich verheddern – **12 puni(e)** [pyni] bestraft – **13 pâle** [pɑl] blass – **14 étouffer** [etufe] ersticken – **15 achever qc** [aʃve] etw. beenden – **16 appuyer** [apɥije] drücken

C3 MEDIATION

5 Rendre en allemand: Mai 68 – la révolte qui a changé la France.

Ton frère – nul en français – doit préparer un exposé en histoire: présenter la situation en France au mois de mai 1968, parler des buts[1] du mouvement[2], de ses groupes, de son succès, de son actualité.

Aide-le en résumant l'article suivant en allemand ton cahier. Sers-toi d'un dictionnaire si nécessaire.

INFO
Mit „Mai 1968" bezeichnet man eine Protestbewegung, ausgehend von Studenten und Schülern, aber auch von Arbeitern, v. a. im Renault-Werk in Boulogne-Billancourt bei Paris. In den Lösungen findest du weitere Informationen über die Ereignisse.

Mai 68 fut un mouvement contestataire porté par les étudiants et les lycéens mais aussi par les ouvriers. Un formidable vent de liberté souffla sur la France.

«Je veux tourner la page de Mai 68 une bonne fois pour toutes», déclarait le président Sarkozy en campagne électorale, le 29 avril 2007. De son côté, Daniel Cohn-Bendit, le héraut des événements de mai, reçu le 15 avril à l'Elysée, affirmait: «Oublions 68, c'était formidable. Aujourd'hui, on a d'autres problèmes.» Alors, quarante ans après, que faut-il faire de 1968? Quel est l'héritage de ces années? Vu d'aujourd'hui, Mai 68 représente un élan de liberté qui a profité à tous les secteurs d'une économie déjà florissante. C'était l'apogée des Trente Glorieuses[3]. Après les deux guerres mondiales, la France s'équipait à nouveau. Les champs regorgeaient de bétail et de victuailles. On construisait à tour de bras routes et logements. Les industriels rivalisaient d'inventivité pour créer des objets de la nouvelle société de consommation: le transistor et la télévision, la minijupe et la pilule, mais aussi la souris d'ordinateur – en Californie. Le chômage ne dépassait pas les 2%. Les Français étaient sûrs de trouver du travail et de voir leurs conditions de vie progresser. Mais que voulaient-ils de plus?

Un graffiti à l'entrée des chaînes de Renault à Billancourt (Hauts-de-Seine) l'avait proclamé en lettres capitales: «Assez de brimades, de la dignité.» N'oublions pas les ouvriers payés à la tâche, les accidents du travail en cascades dans les usines, l'interdiction faite aux femmes d'ouvrir un compte en banque ou d'accepter un travail sans l'autorisation de leur mari. Ce que réclamaient les étudiants, mais aussi tous les ouvriers qui les ont rejoints, c'était le droit à la parole, une meilleure répartition des richesses, le droit au travail et à la retraite à 60 ans. Les manifs de mai ont obtenu leur première victoire avec les fameux accords de Grenelle[4] des 27 et 28 mai qui ont octroyé à tous notamment une augmentation du SMIG[5] de 35%, 10% sur tous les salaires et la promesse de la mensualisation[6] de leur travail.

Mais le mouvement ne s'est pas arrêté sur les pavés du Quartier Latin[7]. Jusqu'en 1973, le combat s'est poursuivi sur d'autres fronts, partout dans le monde et en France: dans les usines occupées comme Lip et le Joint Français pour l'amélioration des conditions ouvrières, dans les champs du Larzac[8] ou dans les marais salants de Guérande[9] en faveur de l'écologie naissante. Jusqu'à ce que le choc pétrolier de 1973 et la crise économique fassent plier les banderoles[10]. Respect et pouvoir d'achat!

Ces termes […] incitent aussi à dresser avec un peu de recul le bilan de ces belles années. Quarante ans après, l'économique peut-il régner en maître et se passer du social? Et du politique? Et si le grand mouvement de 1968 avait été tout simplement le révélateur des premières aspirations à un nouvel humanisme du troisième millénaire qu'il appartient peut-être aux enfants des enfants de 1968 de dessiner?

Article de Frédérique Jordu, 29.4.2008 © Aujourd'hui en France

---

1 un but [ɛ̃by(t)] ein Ziel – **2 un mouvement** [ɛ̃muvmɑ̃] eine Bewegung – **3 les Trente Glorieuses** *wachstumsstarke Jahre von 1945 bis 1975* – **4 les accords** (m.) **de Grenelle** *Abkommen von Grenelle zw. Staat, Unternehmerschaft und Gewerkschaften* – **5 le SMIG** (= Salaire minimum interprofessionnel garanti) *1950 eingeführter gesetzlicher Mindestlohn, 1970 vom SMIC* (= Salaire minimum interprofessionnel de croissance) *abgelöst* – **6 la mensualisation** [lamɑ̃sɥalizasjɔ̃] *die Umstellung auf eine monatliche Entlohnung* – **7 le Quartier Latin** *Studentenviertel in Paris* – **8 le Larzac** *Kalkhochebene im Massif central (1971–1981: gewaltloser Widerstand gegen den Ausbau eines militärischen Übungsgeländes)* – **9 les marais salants de Guérande** *Salzgärten an der Mündung der Loire in den Atlantik* – **10 plier les banderoles** *hier: nicht mehr demonstrieren*

INTERRO **C3**

12 Pkte.

1 Ecouter: Jeanne d'Arc, la Pucelle d'Orléans [1]: mythe [2] et réalité

Dans cette émission, il est question de la vie de Jeanne d'Arc, personnage historique très populaire, que l'historien, Michel Wantock, présente.

a *Ecoute l'émission et coche la phrase qui résume le mieux le texte ①, ② ou ③.*

a-Teil
2 Pkte.

TIPP
Bevor du diese Aufgabe bearbeitest, informiere dich im Internet über das Leben und den Mythos der französischen Nationalheldin und Heiligen, Johanna von Orleans. Sie wird auch „Jungfrau von Orleans" genannt.

① Jeanne d'Arc est une jeune bergère [3] quand un jour, elle entend des voix qui lui disent de sauver le royaume [4] de France. Elle en parle à ses parents qui lui disent de quitter son village et d'entrer en religion [5]. ☐

② Comme Jeanne d'Arc a entendu un jour des voix lui disant que le dauphin [6] devait partir à la guerre maintenant pour libérer [7] la France des Anglais, elle a réussi à convaincre le roi de l'emmener avec lui. Il a accepté. ☐

③ Bien que Jeanne d'Arc n'ait été qu'une petite bergère, elle a réussi à sauver le royaume de France des Anglais. Mais elle a été faite prisonnière et est morte brûlée vive [8]. ☐

b *Ecoute l'entretien en quatre parties, puis coche la bonne réponse.*

b-Teil
7 Pkte.

	vrai	faux
1. Jeanne d'Arc a 13 ans quand elle entend pour la première fois des voix.	☐	☐
2. A cette époque, l'Allemagne occupe une partie de la France.	☐	☐
3. Jeanne d'Arc n'aimait pas entendre des voix.	☐	☐
4. Quand Jeanne raconte au dauphin ce que les voix lui ont dit, il ne la croit pas.	☐	☐
5. Jeanne part avec une armée pour libérer des villes qui sont aux mains des Anglais.	☐	☐
6. Au Moyen Age, on pensait qu'entendre des voix de saints [9] était possible.	☐	☐
7. On ne sait pas comment Jeanne a pu apprendre à monter à cheval.	☐	☐
8. Elle savait lire et écrire.	☐	☐
9. Quand elle est faite prisonnière, elle avoue qu'elle n'a jamais entendu de voix.	☐	☐
10. Ses parents font tout pour la sauver.	☐	☐
11. Pendant son procès [10], l'évêque [11] Cauchon la défend.	☐	☐
12. A la fin, elle est condamnée [12] à mort.	☐	☐
13. Aujourd'hui, on pense qu'elle n'était peut-être pas seulement une petite bergère mais qu'elle faisait partie de la noblesse.	☐	☐

c *Réponds aux questions suivantes dans ton cahier.*

c-Teil
3 Pkte.

1. Pourquoi est-ce que c'est l'Eglise qui va faire un procès à Jeanne d'Arc?
2. Pourquoi est-ce qu'il existe tant de films et de livres sur ce personnage?
3. Pourquoi est-ce que c'est si important qu'elle soit une «pucelle»?

---

1 la Pucelle d'Orléans [lapysɛldɔʀleã] die Jungfrau von Orleans – **2 un mythe** [ɛ̃mit] ein Mythos – **3 une bergère** [ynbɛʀʒɛʀ] eine Schäferin – **4 un royaume** [ɛ̃ʀwajom] ein Königreich – **5 entrer en religion** [ãtʀeãʀəliʒjõ] ins Kloster eintreten – **6 un dauphin** [ɛ̃dofɛ̃] ein Thronfolger – **7 libérer** [libeʀe] befreien – **8 être brûlé(e) vif(-ve)** [bʀylevif,-iv] bei lebendigem Leib verbrannt werden – **9 un saint** [ɛ̃sɛ̃] ein Heiliger – **10 un procès** [ɛ̃pʀɔsɛ] ein Prozess – **11 un évêque** [ɛ̃nevɛk] ein Bischof – **12 condamner qn** [kõdane] jdn. verurteilen

C3 INTERRO

2 Lire: La vraie Jeanne d'Arc vue par une historienne

TIPP
Auf der CD findest du den Text mit **einsprachigen** Worterklärungen (→ PDF).

Colette Beaune, professeur émérite[1] de l'université Paris X, a fait des recherches profondes sur Jeanne d'Arc. Elle est arrivée à des conclusions[2] sur la vie et le personnage de Jeanne qui sont différentes de ce que tout le monde croit. Elle a fait paraître un livre en 2009 dans lequel elle décrit ses dernières découvertes.

a Lis l'article paru dans «LaTribune d'Orléans» qui parle de ce livre. Sers-toi d'un dictionnaire. Puis, transpose la fiche d'identité de Jeanne d'Arc dans ton cahier et remplis-la. Aide-toi aussi de ce que tu sais déjà d'elle. Ensuite, finis les phrases **1.–6.** de la page 83 dans ton cahier. Tu peux d'abord relire l'article.

LA TRIBUNE D'ORLÉANS

Pas un mannequin

Selon Colette Beaune, «on sait que Jeanne d'Arc mesurait 1,60 m et était brune.» Sa taille est connue grâce à un devis de tailleur d'Orléans datant du mois de juin 1429. Quant à la couleur de sa chevelure, elle est connue par un cheveu noir retrouvé dans une lettre dont on relate l'existence jusqu'au XIXe siècle. Elle était sportive et savait tenir sur un cheval. Pour ce qui est du port de l'habit d'homme, «au départ c'était pour voyager. Puis, elle a dit qu'elle ne le quitterait pas tant qu'elle n'aurait pas réalisé sa mission. Il ne faut pas oublier que c'est un moyen de se distinguer pour une prophétesse.» […] D'une nature solide, elle sera blessée deux ou trois fois. «Elle semble avoir aussi un dégoût de la nourriture à la limite de l'anorexie et avoir une activité physique intense.» Question intellect, «elle ne savait pas manier les concepts par contre elle avait une très grande mémoire.» […]

Ni princesse ni pauvresse

«La naissance de Jeanne d'Arc est ce que l'on connaît le moins bien. Elle apparaît à Chinon à 18 ans. Ce n'est pas étonnant car les naissances de filles chez les paysans n'étaient pas inscrites dans des registres. On reconstitue sa date de naissance autour de janvier 1411 ou 1412 avec le procès», précise Colette Beaune. […] Jeanne n'est pas une pauvre non plus. Elle est «une enfant riche dans son village, l'équivalent de la fille du maire.» C'est une fille, il est normal qu'elle ne sache pas lire. […] Jeanne avait dans sa famille un moine cistercien. «Elle avait une culture religieuse et était capable de citer Saint-Louis et Charlemagne.»

La certitude d'entendre des voix

«A l'époque, les gens pensaient que l'on pouvait entendre des voix. De son point de vue, c'était Dieu qui lui parlait sinon elle aurait avoué s'être trompée.» Contrairement à l'idée reçue, les procès de ce genre n'aboutissaient pas tous à la peine de mort. […]

Jeanne d'Arc prisonnière

Jeanne d'Arc n'est pas tombée aux mains des Anglais à cause d'une trahison à Compiègne mais par un aléa de la vie militaire. «En général, le roi ou la famille payaient la rançon. Mais là, l'université de Paris pro-anglaise l'a réclamée avant comme hérétique. Dès lors, Charles VII ne pouvait plus rien faire.»

Une famille anoblie et des reliques disparues

Après la mort de Jeanne d'Arc, les Anglais ont jeté ses cendres dans la Seine ainsi que les restes du bûcher pour éviter toute sorcellerie. Il a existé des objets qui lui ont appartenu, notamment une épée disparue au XVIe siècle. Idem pour les portraits, selon Colette Beaune. Après la mort de la Pucelle, la famille de Jeanne d'Arc a été anoblie. «Son frère Pierre est devenu seigneur de l'Ile-aux-bœufs. La famille est restée. Sa mère Isabelle Romée est morte à Orléans.» […]

Gaëla Messerli © La Tribune Orléans, 06.05.2009

date de naissance	…	statut social de sa famille	…
lieu d'habitation	…	culture	…
physique	…	mort	…
caractère	…	famille	…

---

1 un professeur émérite [ɛ̃pʀɔfesœʀemeʀit] ein(e) Hochschullehrer(in), der/die aus Altersgründen nicht mehr lehrt –
2 une conclusion [ynkõklyzjõ] eine Schlussfolgerung/ein Fazit

1. On connaît la couleur des cheveux de Jeanne parce que/qu' …
2. Elle s'habillait comme un homme pour …
3. On ne connaît pas vraiment sa date de naissance car …
4. Au Moyen Age, on pensait qu'il était possible de/d'…
5. Le roi n'a pas pu sauver Jeanne parce que/qu' …
6. L'épée qui était à Jeanne …

b Raconte l'histoire de Jeanne avec tes propres mots en te servant de ce que tu sais d'elle/de ce que tu as recherché sur elle.

3 Médiation: Le journal d'Hélène Berr

Dein französischer Freund, der gerade bei dir zu Besuch ist, hat diesen Artikel überflogen. So ganz versteht er die Informationen noch nicht und fragt dich deshalb, wer genau Hélène Berr war und warum man jetzt über sie spricht. Du fasst ihm die wichtigsten Informationen des Artikels auf Französisch zusammen. Du kannst ein zweisprachiges Wörterbuch benutzen.

Frankfurter Allgemeine
ZEITUNG FÜR DEUTSCHLAND

Kopf hoch, so sind Sie hübscher

Sie ist die französische Anne Frank: Heute erscheint in Deutschland das Tagebuch der Jüdin Hélène Berr. Es beginnt 1942 im besetzten Paris und endet kurz vor der Deportation der jungen Frau. Ein berührender und erstaunlich reifer Zeugenbericht.

Kinder gehen von Bord eines Schiffs, manche blinzeln frech in die Kamera, andere schauen verschlossen daran vorbei. Eine derzeit in Paris laufende Ausstellung über die Kristallnacht im Mémorial de la Shoah schließt mit dieser Dokumentarfilmsequenz von der Ankunft eines jüdischen Kindertransports aus Österreich im englischen Hafen von Harwich Ende der dreißiger Jahre.

Diese Kinder waren nun auf der sicheren Seite. Drei Etagen tiefer liegen in einer Vitrine der Dauerausstellung des Mémorial ein paar lose Blätter mit einer unregelmäßigen, offenbar schnell hingekritzelten Handschrift, in der ebenfalls von Blicken die Rede ist. „Mein Gott, ich habe nicht geglaubt, dass es so hart sein würde", heißt es da: „Ich ging mit hocherhobenem Kopf und habe den Leuten so fest ins Gesicht geblickt, dass sie die Augen abwandten." Das Datum dieses Eintrags ist der 8. Juni 1942, die Autorin heißt Hélène Berr, eine 21 Jahre alte Pariser Studentin aus gutsituiertem jüdischem Haus. Sie war gerade zum ersten Mal mit dem fortan für Juden obligatorischen gelben Stern auf der Brust ausgegangen und notierte die Erfahrung so detailliert wie viele andere Einzelheiten ihres Alltags ins Tagebuch. Sie beschreibt die Blicke der Leute, deren verlegenes Wegschauen, die Zeichen von Sympathie, das Fingerzeigen der Kinder, das schroffe „Letzter Wagen!" des Kontrolleurs in der Métro, das steife „Ein elsässischer Katholik reicht Ihnen die Hand, Mademoiselle" eines Unbekannten auf der Straße, das gutgemeinte „Kopf hoch, so sind Sie noch viel hübscher" des Postangestellten, das ihr die Tränen in die Augen treibt.

Hélène Berr hatte dieses Tagebuch im Frühjahr 1942 begonnen und mit einer Pause bis Februar 1944 geführt. Drei Wochen später wurde sie zusammen mit ihren Eltern verhaftet, kam nach Auschwitz, dann nach Bergen-Belsen, wo sie im April 1945 wenige Tage vor der Befreiung starb. Ihr Tagebuch erschien vor einem Jahr erstmals in Frankreich, wo es mit achtzigtausend verkauften Exemplaren ein großes Leserecho fand. Nach englischen, portugiesischen, holländischen Übersetzungen erscheint das Buch heute als „Pariser Tagebuch 1942–1944" […].

[…] Das Tagebuch von Hélène sei in der Familie als Maschinenabschrift zirkuliert, sagt Mariette Job, Hélène Berrs Nichte, die hinter der Veröffentlichung steht: Unzählige Male habe sie es seit ihrem fünfzehnten Lebensjahr gelesen. Allmählich habe sich aber die Sorge aufgedrängt, das Originalmanuskript könnte verschwinden. So entschloss sich Frau Job vor siebzehn Jahren zu Nachforschungen. Da Hélène Berr selbst in ihren Aufzeichnungen den Wunsch äußert, das Tagebuch solle Jean Morawiecki zukommen, ihrem fernen Verlobten, falls sie deportiert werde, war der Inhaber schnell gefunden. Ihm war das Konvolut (= die Aufzeichnungen) nach dem Krieg überreicht worden. Er vermachte das Manuskript dann 1994 Hélène Berrs Nichte, die es schließlich im Mémorial de la Shoah hinterlegte. […]

Kopf hoch, so sind Sie hübscher von Joseph Hanimann, 04.02.2009 © Alle Rechte vorbehalten. Frankfurter Allgemeine Zeitung GmbH, Frankfurt. Zur Verfügung gestellt vom „Frankfurter Allgemeine"-Archiv.

(Hinweis: In dieser *Interro* kannst du 35 Punkte erreichen.)

C4 REGARDER UNE VIDEO

A la carte 4   Passages

1 «Mademoiselle Chambon»

Ce film raconte l'histoire entre un homme, maçon[1] de profession[2], et une femme qui est l'institutrice de son fils, mademoiselle Chambon.

a *Regarde l'extrait du film une première fois et coche la bonne réponse.*

1. La scène de cet extrait se passe a) pendant un cours de gymnastique. b) dans une salle de classe. c) dans le bureau du directeur.	**4.** Les enfants a) posent des questions. b) ne participent pas. c) n'écoutent pas l'homme.
2. Les enfants ont environ a) 4 ans. b) 8 ans. c) 15 ans.	**5.** La maîtresse a) donne des explications aux enfants. b) regarde et écoute aussi l'homme. c) s'ennuie.
3. L'homme a) raconte sa vie. b) fait la classe. c) parle de son métier.	**6.** L'homme a l'air[3] d'aimer a) son métier. b) les enfants. c) la maîtresse.

b *Regarde l'extrait une deuxième fois. Qu'est-ce que les enfants veulent savoir de lui? Coche les bonnes réponses.*

① Combien de temps il faut pour faire une maison.
② Comment l'homme s'appelle.
③ Si l'homme aime son métier.
④ Ce que l'homme aime le plus dans son métier.
⑤ Quand l'homme a commencé à faire son métier.
⑥ Si l'homme connaît la piscine.

c *Vrai ou faux? Coche la bonne réponse.*

	vrai	faux
1. Selon l'homme, il faut entre deux mois et deux mois et demi pour fabriquer une maison.		
2. L'homme s'intéressait déjà à ce métier quand il était petit.		
3. Son père était maçon aussi.		
4. L'homme trouve que dans son métier, on fait toujours la même chose.		
5. Des fois, il faut savoir s'adapter[4] aux situations jamais connues avant.		
6. L'homme travaille à la piscine.		
7. Il aime les différentes étapes[5] de son travail et il est fier du résultat.		

---

1 un maçon [ɛ̃masɔ̃] ein Maurer – **2 une profession** [ynpʀɔfesjɔ̃] un métier – **3 avoir l'air** [avwaʀlɛʀ] *hier:* scheinen – **4 s'adapter à qc** [sadapte] sich an etw. anpassen – **5 une étape (de travail)** [ynetap(dətʀavaj)] ein (Arbeits-)Schritt

ECOUTER C4

d *Lis d'abord les quatre questions, puis regarde encore une fois attentivement l'extrait du film. Ensuite, réponds aux questions dans ton cahier.*

1. Comment trouves-tu la classe: moderne, traditionnelle? Pourquoi?   2. Quelle est l'attitude1 de la maîtresse? Qu'est-ce qu'elle fait pendant toute la scène?   3. Quel est le caractère de l'homme selon ce que la scène en montre?   4. Pourquoi la maîtresse a-t-elle invité cet homme?

2 Dialectes au XXIe siècle – une mort lente?

Chaque jour, la Radio F11 invite des spécialistes pour discuter sur une question particulière. Les auditeurs peuvent donner leur avis par téléphone ou par e-mail.

a *Ecoute le CD, puis coche la bonne phrase (①, ② ou ③). La carte de la région transfrontalière2 du Rhin supérieur3 pourrait t'être utile.*

① Bien que beaucoup d'élèves choisissent l'allemand au collège, le nombre de dialectophones4 diminue. ☐

② Les élèves de Mme Dupont ne choisissent pas l'allemand comme deuxième langue étrangère car ils trouvent cette langue trop difficile. ☐

③ Seules les personnes âgées comme le père de Mme Cazeneuve parlent l'alsacien, les jeunes ne l'apprennent plus car il est interdit de le parler à l'école. ☐

b *Vrai, faux ou on ne sait pas? Coche la bonne réponse.*

	vrai	faux	?
1. Au début du XXe siècle, presque tous les Alsaciens parlaient leur dialecte.	☐	☐	☐
2. Aujourd'hui, un tiers de la population est dialectophone.	☐	☐	☐
3. Les Alsaciens trouvent que leur dialecte est beau à entendre.	☐	☐	☐
4. Si le nombre de dialectophones diminue, c'est surtout à cause de la télévision.	☐	☐	☐
5. Après la guerre, beaucoup d'Alsaciens avaient honte de parler une langue proche de l'allemand.	☐	☐	☐
6. A la campagne, il y a plus de dialectophones qu'en ville.	☐	☐	☐
7. Même aujourd'hui, les Alsaciens ont un complexe d'infériorité5 concernant leur dialecte.	☐	☐	☐
8. En Alsace, on essaie d'intéresser les jeunes à la langue et à la culture de leur région.	☐	☐	☐
9. L'auditrice trouve que le dialecte n'est pas important, c'est une histoire de grands-pères.	☐	☐	☐
10. Si les jeunes apprennent l'allemand à l'école, c'est parce qu'ils espèrent trouver du travail dans un pays germanophone6.	☐	☐	☐

 c *Au choix:* 1) Si tu parles un dialecte toi-même, dis quelle est son importance pour toi. Si tu n'en as pas, dis si tu le regrettes et pourquoi.
2) Tout en ayant des parents dialectophones, beaucoup de jeunes essayent de parler l'allemand standard. Imagine leurs raisons. Ecris ton avis dans ton cahier (environ 200 mots).

---

1 **une attitude** [ynatityd] *hier:* ein Verhalten– 2 **transfrontalier(-ère)** [tʀɑ̃sfʀɔ̃talje, -jɛʀ] grenzübergreifend – 3 **le Rhin supérieur** [ləʀɛ̃sypeʀjœʀ] der Oberrhein – 4 **dialectophone** [dialɛktɔfɔn] einen Dialekt sprechend – 5 **un complexe d'infériorité** [ɛ̃kɔ̃plɛksdɛ̃feʀjɔʀite] ein Minderwertigkeitskomplex – 6 **germanophone** [ʒɛʀmanɔfɔn] deutschsprachig

C4 GRAMMAIRE

3 «Chéri, je suis désolée, mais ce soir, je rentrerai tard.» → § 25

Mathilde téléphone à son mari Paul qui prépare un doctorat[1] à la maison. En plus, il s'occupe du ménage[2] et des enfants.

Lis ce qu'il répond au téléphone à sa femme.
Complète ses phrases par les verbes entre parenthèses aux temps qu'il faut: présent/futur simple/futur antérieur.

TIPP
Mit dem *Futur antérieur* kann man sich in Gedanken in die Zukunft „beamen" und von dort zurückschauen oder auch Vermutungen äußern.
Vorsicht bei *Si*-Sätzen: hier gilt nach wie vor die Zeitenfolge: *Présent* im *Si*-Satz, *Futur simple* im Hauptsatz.

Paul: – Oui, chérie, quand tu *(rentrer)* _____, je / j' *(préparer)* _____

le repas et je *(s'occuper)* _____ des courses … Non, les enfants *(ne pas se coucher)*

_____ . Je leur ai promis qu'ils te / t' *(voir)* _____

avant d'aller au lit. … Quoi?? Aujourd'hui, tu *(être)* _____ déjà là à 17 heures? Ah, bon.

Et les articles que je *(ne pas lire)* _____?? … Non, je *(ne pas terminer)*

_____ tout mon travail. Je/J' *(faire)* _____ le reste demain …

Tu n'as pas pu joindre[3] maman au téléphone? Elle *(encore oublier)* _____

d'allumer son portable. De toute façon, on *(aller)* _____ la voir demain soir. C'est son anniversaire.

… Quoi? Demain, tu *(ne pas rentrer)* _____ à 19 heures? Mais on *(ne pas*

pouvoir) _____ la laisser seule! Ecoute, je te / t' *(attendre)* _____,

mais si tu *(ne pas rentrer)* _____ à 20 heures, nous *(partir)* _____
sans toi, les enfants et moi.

4 Interview avec une championne → § 26

Lis ce que Christine Roland, une championne du tennis, a répondu à un journaliste. Prends le rôle du journaliste et pose les questions en utilisant l'interrogation complexe là où c'est possible.

Le journaliste: – _____?
Christine: – Mon frère et moi, on a commencé à jouer au tennis **à l'âge de huit ans.**

Le journaliste: – _____?
Christine: – Oui, c'est **mon père** qui m'a donné des cours.

Le journaliste: – _____?
Christine: – Mes copines étaient un peu jalouses **parce que j'avais le droit de manquer en classe quand il y avait des matchs.**

Le journaliste: – _____?
Christine: – Ben …, **elles m'ont quand même félicitée** quand j'ai gagné ma première médaille.

Le journaliste: – _____?
Christine: – **Aux Etats-Unis.** Mes parents et moi, nous partirons pour Atlanta la semaine prochaine.

---

1 un doctorat [ɛ̃dɔktɔʀa] eine Doktorarbeit – **2 un ménage** [ɛ̃menaʒ] ein Haushalt – **3 joindre qn** [ʒwɛ̃dʀ] *hier:* jdn. erreichen

86

5 «Les carnets de Lily B.»

Dans ce roman, Lily, une jeune fille de 15 ans, tient son journal dans lequel elle raconte ses problèmes avec elle-même, ses amies et ses parents.

a *Lis le texte. Sers-toi d'un dictionnaire si nécessaire. Quels sont les problèmes de Lily? Coche les bonnes réponses (page 88).*

Avant je ne pensais pas. Maintenant je pense tout le temps. Je n'arrête pas de penser. A la vie. A la mort. A l'amour. Aux pauvres. Aux riches. Au chômage. Au racisme. A la maladie. A la guerre. A Dieu. A mon avenir. A la cicatrice en forme de trèfle tatouée sur ma tempe gauche. Une brûlure de fer à repasser quand j'avais cinq ans. A cause d'elle, je ne peux ni me couper les cheveux très court ni les tirer en arrière. Je suis obligée de garder une mèche de cheveux au ras[1] des yeux. Un jour à la piscine, alors que je n'y pensais pas, une voix familière a dit: «Comment tu fais pour vivre avec ça?» Je me suis retournée, la voix a répété: «Comment tu fais pour vivre avec ça?». Et en posant un doigt sur le bout de peau flétrie, la voix a soufflé: «Moi je ne pourrais pas.» Ce fut comme si on m'avait brûlée pour la deuxième fois. J'ai reçu la phrase en plein plexus et pour cacher ce que je ressentais, j'ai crawlé jusqu'à épuisement.
Avant, j'aimais bien cette fille, Delphine, maintenant, je la déteste. Toute ma vie je sentirai son doigt sur ma tempe. J'ai ressassé ça pendant un mois. Un mois devant un miroir à scruter cette marque où se concentrait tout mon mal de vivre. Gel, peigne, brosse, sèche-cheveux, j'avais beau[2] passer du temps à essayer de la masquer avec une mèche de cheveux, l'affreuse cicatrice surgissait toujours. Comment faire pour vivre avec ça? Je ne pouvais pas compter sur ma mère pour m'aider. Tout ce qu'elle disait m'exaspérait ou me donnait envie de pleurer.

– Arrête, tu vas fausser la glace[3]! Elle se croyait drôle.
– N'oublie pas de nettoyer les brosses!
Elle ramenait tout au ménage[4].
– Si tu veux mon avis, je te préfère avec les cheveux tirés en arrière.
Fallait-il qu'elle ne m'aime pas pour dire une chose pareille? Je venais d'entrer en classe de seconde au lycée George-Sand. Avant, je ne savais pas que George Sand était une femme, mais pourquoi pas? Après je n'aimais plus mon nom: Lily Blachon. Blachon comme mon père, Bernard Blachon. Blachon comme mon grand-père, Maurice Blachon. J'aurais préféré m'appeler Majorel comme ma mère. Elle est journaliste et elle a toujours signé Marie Majorel mais en même temps, évidemment, je lui en veux de ne pas se faire appeler Blachon comme nous, mon père, mon frère et moi. C'est comme une trahison. Moi, plus tard, je prendrai le nom de mon mari, quoique. Lily Blachon! Avant, mes parents m'appelaient Malily.
– Au lit Malily! susurrait papa vers huit heures et demie.
– Qu'elle est jolie Malily! s'exclamait maman en m'habillant le matin. Malily, j'adorais ça. Chaque fois, j'entendais comme trois gouttes de lait tomber dans la gamelle du chat. Maintenant, il n'y a plus jamais de Malily. Juste une Lily, pointée comme un reproche sur les lacunes de ma vie:
– Lily! Tu as vu le bordel[5] dans ta chambre!
– Lily! Qu'est-ce que tu fiches devant la télé? Tu n'as rien de mieux à faire que de regarder ces idioties?
– Je te préviens, Lily, si tu n'es pas rentrée à minuit, je viens te chercher.
– Lily! Qu'est-ce que c'est que ce bulletin? Manque de concentration … manque de concentration. Tu ne peux pas te concentrer un peu?
Non, je ne peux pas me concentrer. La concentration, c'est mon problème. […]
Tout ce qui les intéresse, c'est que je ne fasse pas de vagues[6], au lycée. Onze de moyenne. C'est l'ambition qu'ils ont pour moi. J'ai eu neuf au dernier bulletin. Ils étaient furieux. Deux points de différence, ce n'est pourtant pas la mer à boire. Ma copine Vanessa, ses parents lui demandent treize. Elle a onze. Ils ne disent rien.
Avant, mes parents s'entendaient bien. Papa était directeur artistique dans une agence de pub, maman journaliste de mode dans un grand magazine. […] Pendant la semaine, ils n'avaient pas beaucoup le temps de s'occuper de mon frère et moi. Ils partaient tôt, rentraient tard. Les filles au pair défilaient. Je leur apprenais le français. Dès qu'elles en savaient assez, elles partaient. Les Blachon n'étaient pas riches riches, mais ils étaient loin d'être pauvres. L'hiver, on allait aux sports d'hiver. L'été, aux sport d'été.
Un jour, patatras, maman a été licenciée. Ils ont rigolé. Un mois après, ce fut le tour de papa. Ils ont déprimé. […]

Les carnets de Lily B., Véronique M. Le Normand © Pocket Jeunesse, Univers Poche, 2009. Illustration de couverture © Karine Daisay, 2009

---

1 au ras de qc [oRa] dicht über etw. – **2 avoir beau faire qc** [avwaRbofɛR] vergeblich etw. tun – **3 fausser** [fose] *hier:* (das Spiegelbild) verzerren – **4 ramener tout au ménage** [Ramnetutomenaʒ] alles (nur) aufs Saubermachen beziehen – **5 un bordel** *(fam.)* [ɛ̃bɔRdɛl] ein Saustall *(ugs.)* – **6 faire des vagues** *(fam.)* [fɛRdevag] Aufsehen erregen *(ugs.)*

C4 LIRE / PARLER

① Elle pense trop.	② Elle n'aime pas ses cheveux.	③ Ses notes ne sont pas bonnes.	④ Ses parents ne s'occupent pas d'elle.	⑤ Sa copine ne l'aime plus.	⑥ Elle a une cicatrice au visage qui la gêne.
☐	☐	☐	☐	☐	☐

b *Vrai, faux ou on ne sait pas? Relis le texte et coche la bonne réponse.*

	vrai	faux	?
1. Lily s'est brûlée quand elle était petite.	☐	☐	☐
2. Sa copine Delphine n'est pas sympa avec elle.	☐	☐	☐
3. Lily n'aime plus Delphine depuis sa remarque à la piscine.	☐	☐	☐
4. La mère de Lily l'énerve parce qu'elle ne comprend pas Lily.	☐	☐	☐
5. Le lycée de Lily porte le nom d'un homme, George Sand.	☐	☐	☐
6. La mère de Lily adore son nom, Majorel.	☐	☐	☐
7. Lily, elle, n'aime pas son nom du tout.	☐	☐	☐
8. Lily n'aime pas que sa mère ne s'appelle pas comme elle, son frère et son père.	☐	☐	☐
9. Elle trouve bête le surnom[1] que ses parents lui donnaient quand elle était petite.	☐	☐	☐
10. Lily a une bonne relation avec son frère.	☐	☐	☐
11. Le plus grand problème de Lily à l'école, c'est qu'elle ne participe pas aux cours.	☐	☐	☐
12. Lily a eu onze sur son dernier bulletin de notes[2] mais ses parents voulaient qu'elle ait un treize.	☐	☐	☐
13. Ses parents ne se sont jamais beaucoup occupés d'elle et de son frère parce qu'ils travaillaient beaucoup.	☐	☐	☐
14. Aujourd'hui, ses parents sont tous les deux au chômage.	☐	☐	☐

c *Relis le texte si nécessaire, puis réponds aux questions suivantes dans ton cahier.*

> **BEACHTE**
> Du findest auf der CD zu dieser Lektion auch Aufgaben zu *„Vocabulaire"* sowie zu *„Ecrire"*.

1. Pourquoi est-ce que Lily a l'impression qu'elle pense tout le temps maintenant?
2. Qu'est-ce que tu penses de la remarque de sa copine Delphine qui dit qu'elle ne pourrait pas vivre «*avec ça?*».
3. Pourquoi est-ce que Lily dit que plus tard, quand elle sera mariée, elle prendra le nom de son mari?
4. Pourquoi est-ce que Lily raconte que quand ses parents l'appelaient Malily, elle entendait «*comme trois gouttes de lait tomber dans la gamelle du chat*»?
5. Qu'est-ce que Lily reproche[3] à ses parents maintenant?
6. Quel est / Quels sont le(s) vrai(s) problème(s) de Lily selon toi?

 d *Imagine que tu sois la copine de Lily qui vient te voir pour te raconter ses problèmes et tu lui donnes des conseils, tu lui remontes le moral[4]. Ta camarade prend le rôle de Lily. Servez-vous des informations du texte. Vous avez 15 minutes de préparation et 3 à 5 minutes pour dialoguer.*

> Herzlichen Glückwunsch, du warst sehr fleißig in diesem Schuljahr! Du bist jetzt bestens „gerüstet", weiterhin erfolgreich in der Oberstufe zu arbeiten! Du kannst dir nach ein paar Monaten noch einmal die eine oder andere Aufgabe des Heftes vornehmen und schauen, welche Fortschritte du gemacht hast.

---

1 un surnom [sÿʁnõ] ein Kosename – **2 un bulletin de notes** [byltɛ̃dənɔt] ein (Schul-)Zeugnis – **3 reprocher qc à qn** [ʁəpʁɔʃe] jdm. etw. vorwerfen – **4 remonter le moral à qn** [ʁəmõteləmɔʁal] jdm. wieder Mut machen